Inhaltsverzeichnis

Vorwort	2
Über das Arbeiten mit diesen Materialien	3
Arbeitspass	6
Rückmeldebogen	7
Spiele zu den Frühblühern	8
Rätselkarten „Wer bin ich?"	10
Themengebiet: Tulpe, Krokus und die anderen Frühblüher	12
Themengebiet: Aufbau eines Frühblühers	31
Themengebiet: Ein Frühblüher entwickelt sich	49
Lernzielkontrolle: Was weißt du nun? – Frühblüher	65
Schreib- / Erzählkartei	66
Forscherkartei	67
Bastelkartei	73

Vorwort

„Alles freut sich und hoffet, wenn der Frühling sich erneut" (Friedrich Schiller 1759 – 1805). Endlich ist der Frühling da, jene wunderbare Zeit, die uns alle besonders feinfühlend werden lässt. Jedes aufkommende Blättchen oder jede noch so kleine Blüte, das Vogelgezwitscher, jeder Geruch und jeder Sonnenstrahl wird von uns registriert. Endlich! Auch unseren Schülern geht es so! Unsere heimischen Frühblüher sind oft die ersten Pflanzen, die auf den beginnenden Frühling hinweisen, und daher gerade besonders auffällig sind. Aus dem Anfangsunterricht ist das Thema „Frühblüher" eigentlich nicht wegzudenken. Unsere Kinder der Schuleingangsphase kommen je nach Förderung in Elternhaus und Kindergarten oft mit sehr unterschiedlichen Lernvoraussetzungen in die Schule und befinden sich in verschiedenen Entwicklungsphasen. Diese große Bandbreite an Lernvoraussetzungen gilt es, zu Beginn aufzufangen und zu berücksichtigen. Gerade mit dem Thema „Frühblüher" gelingt es gut, den heterogenen Lernvoraussetzungen gerecht zu werden, denn jedes Kind hat mit Sicherheit schon Frühblüher in der Natur entdeckt. Einige Kinder kennen schon die Namen der Pflanzen. Dieses Vorwissen führt sie intrinsisch hoch motiviert in das neue Thema ein.

Die drei Themengebiete des Heftes „Frühblüher im Anfangsunterricht" sind:
- Tulpe, Krokus und die anderen Frühblüher
- Aufbau eines Frühblühers
- Ein Frühblüher entwickelt sich

Die Themen bieten sich demnach an, um sie bereits im ersten Schuljahr durchzuführen.

Jedes Themengebiet wird mit einer **Kernaufgabe** eingeführt. Diese sind allesamt mit einem methodisch-didaktischen Kommentar versehen. Die **zusätzlichen, teils differenzierten Aufgaben** stehen zur weiteren Auswahl zur Verfügung. Sie dienen dazu, die Inhalte zu vertiefen und das selbstständige Arbeiten der Kinder zu fördern. Die unterschiedlich schwierigen Übungen sorgen dafür, dass das Lernen Spaß macht, auch wenn es zugleich Arbeit bedeutet. Sie sind so differenziert, dass alle Kinder ihrer Lerngruppe ihren individuellen Anforderungen entsprechend lernen können. In den drei Themengebieten werden immer wieder bewusst die gleichen Aufgabentypen angeboten, um einen Wiedererkennungseffekt zu erreichen und somit das Vertrauen der Schüler in ihre eigenen Fähigkeiten zu stärken.

Eine Bastelkartei, eine große Vielzahl an unterschiedlichen Schreib- und Erzählanlässen, Spielanregungen für den Unterricht, eine Forscherkartei, die erste Beobachtungen und Versuche ermöglichen soll und somit das „forschend-entdeckende Lernen" anbahnt, und eine **Lernzielkontrolle** („Wer bin ich?", s. S. 10 / 11, und „Was weißt du nun? – Frühblüher", s. S. 65) runden das Gesamtkonzept ab.

Ich wünsche Ihnen und Ihren Schülern viel Spaß und Erfolg mit diesen Materialien.

Kathrin Zindler

Anmerkung: Aus Gründen der besseren Lesbarkeit wird im Folgenden auf eine sprachliche Differenzierung der weiblichen und männlichen Bezeichnung verzichtet. Ich habe mich für die „neutrale" Form entschieden, selbstverständlich sind stets alle Geschlechter angesprochen.

Symbole für Rückmeldebogen Seite 7:

Über das Arbeiten mit diesen Materialien

Allgemeine Informationen zu Frühblühern:

Frühblüher sind Pflanzen, die ihre Blüten schon vor den ersten Laubblättern an den Bäumen aufbrechen. Sie nutzen diese frühe Zeit, wenn eine große Lichtmenge und Wärme den Boden erreicht, für Wachstum, Blüte und Fruchtreife. Die frühe und rasche Entwicklung wird durch Reservestoffe in den unterirdisch überwinternden Zwiebeln (Tulpe, Schneeglöckchen, Osterglocke, Hyazinthe) und Wurzelknollen (Krokus) ermöglicht. Durch die Schneeschmelze wird der Boden weich und die Blumen erwachen aus ihrer „Winterruhe". Mit den Wurzelspitzen saugen sie die Feuchtigkeit aus der Erde. Mit dem Wasser können sie die Nährstoffe in alle Pflanzenteile bringen. Da die Sonneneinstrahlung im Frühjahr noch nicht ausreicht, um genügend Energie durch Fotosynthese zum Austreiben der Blüten zu gewinnen, versorgen sich die Frühblüher mit den Speicherstoffen (Stärke oder Mineralstoffen) aus ihren eigenen unterirdischen Speicherorganen.

Eine Zwiebel besteht aus mehreren Schichten (Schalen) und einer bereits im Herbst im Zwiebelkern angelegten Blütenknospe mit Blättern. In den Schichten werden die Nährstoffe für das Wachstum im nächsten Jahr gespeichert.

Die Knolle hingegen hat diese Schichten nicht. Sie ist ein Speicherorgan für Nährstoffe, aber die Blütenknospe ist im Herbst noch nicht ausgebildet.

Wenn die Pflanze aus der Zwiebel bzw. der Knolle treibt, werden die eingelagerten Nährstoffe aufgebraucht und die Speicherorgane schrumpfen. Es werden neue Organe gebildet, wenn die Pflanze verblüht ist, damit die Pflanze auch im nächsten Jahr wieder blühen kann.

Die verwendeten Blumenarten, die Frühblüher, die in Gärten oder auf Wiesen zu finden sind, sollten möglichst als Anschauungsmaterial in Ihrem Klassenraum vorhanden sein. Da aber nicht alle Frühblüher zur gleichen Zeit blühen, sollten in dieser Zeit Pflanzenbücher oder Abbildungen für die Kinder ersatzweise zur Verfügung stehen.

Die folgende Vorgehensweise hat sich bewährt:

1. Suchen Sie sich eines der drei Themen („Tulpe, Krokus und die anderen Frühblüher", „Aufbau eines Frühblühers" oder „Ein Frühblüher entwickelt sich") aus.
2. Steigen Sie mit einer oder mehreren **Lehreraufgaben (L)** in das ausgewählte Thema ein. Weitere Ideen für einen Einstieg finden Sie teilweise in den Anmerkungen zu den einzelnen Themenbereichen.
3. Die **Kernaufgabe (K)** des Themas sollte im Plenum durchgeführt werden. Hinweise dazu finden Sie in den Anmerkungen zu den einzelnen Themenbereichen.
4. Die **differenzierte Aufgabe** sichert das Basiswissen der Schüler und ermöglicht eine selbstständige Weiterarbeit an den folgenden Aufgaben. Die quantitative und qualitative Auswahl der folgenden Aufgaben können Sie individuell selbst treffen. Leichte Arbeitsblätter sind mit dem Symbol gekennzeichnet, besonders anspruchsvolle Arbeitsblätter mit dem Symbol .

Weitere Hinweise

- Die Arbeitsblätter können Sie oben rechts in den Bildern nummerieren.
- Zur Dokumentation seines Lernfortschrittes erhält jedes Kind einen Arbeitspass (s. S. 6), den Sie folgendermaßen vorbereiten bzw. nutzen können:

  a) Im Sinne eines inklusiven Unterrichts kann der Arbeitspass sehr individuell gestaltet werden, indem Sie für jedes Kind einzeln einen Arbeitspass mit den Nummern der ausgewählten Aufgaben gestalten. Vereinfacht kann diese Variante auch durchgeführt werden, indem man die Klasse in unterschiedliche Leistungsgruppen einteilt.
  b) Die Kinder tragen selbstständig nach Bearbeitung die Nummern der Aufgaben in den Pass ein.
  c) Sie tragen alle Nummern der ausgewählten Aufgaben in den Pass ein und die Schüler malen nach der Bearbeitung das entsprechende Bild aus.

- Die **Schreib- und Erzählanlässe** können unterschiedlich genutzt werden:
  a) **Als Hausaufgabe**: Die Schüler suchen sich ein Bild aus, kleben es in ihr Heft oder auf ein Blatt Papier und schreiben Wörter, ganze Sätze oder kleine Geschichten zu den Bildern.
  b) **Als Einstieg in die einzelnen Themenbereiche**: Hierzu wird ein jeweils passendes Bild hochkopiert.
  c) **Als Kartei**: Die Bilder werden kopiert und laminiert und dienen als Grundlage für kreative Schreibanlässe.
  d) **Zur Gestaltung eines Geschichtenbuches**: Jedes Kind sucht sich ein Bild aus, klebt es in ein vorbereitetes Heft und schreibt eine kleine Geschichte, einen Satz oder einige Wörter dazu.

- Die **Bastelkartei** ist so gestaltet, dass die Schüler selbstständig einfache Anweisungen ohne Ihre Hilfe umsetzen können. Alle notwendigen Materialien und Handlungsschritte sind auf den Karten abgebildet. Die Bastelaufträge können separat oder im Zusammenhang mit den drei Themengebieten eingesetzt werden.

Hinweise zur Forscherkartei (Seite 67 – 72)

Bei den Forscheraufgaben können Sie mit Ihren Schülern im Sinne des Forscherkreises (vgl. Hinweis zu Forscherkreis „Der Apfel im Anfangsunterricht" Seite 66) gemeinsam arbeiten.

„Kannst du mich entdecken?", s. S. 68:

Wenn die ersten Triebe der Frühblüher aus dem Boden schauen, kann man sie zunächst noch nicht den verschiedenen Pflanzen zuordnen. Das ist anfänglich auch nicht das Ziel dieser Forscheraufgabe. Hier geht es vielmehr darum, dass die Kinder die Entwicklung der Frühblüher, so zeitig es geht, mitbekommen. Wenn die Kinder die Spitzen mit einem Stöckchen, das sie in den Boden stecken, markieren, können sie diese schnell wiederfinden. Nun kann man die Frühblüher immer wieder besuchen, um die Veränderung zu beobachten. Vielleicht kann zu einem späteren Zeitpunkt bestimmt werden, um welchen Frühblüher es sich handelt. Sie können auch mit Ihren Schülern einen wöchentlich wiederkehrenden gemeinsamen Rundgang durchführen. **Tipp:** Die gefundenen Frühblüher können auf dem Forscherbogen „Ich finde Frühblüher" (s. S. 72) notiert werden.

„Was passiert mit der Tulpe in der Tinte?", s. S. 69:
Die Tulpe sollte hellfarbig sein, damit der Versuch besonders eindrucksvoll gelingt. Dieser Versuch wird etwas länger dauern. Deshalb bietet es sich an, bereits am Morgen damit zu beginnen und im Laufe des Tages das Ergebnis zu beobachten. Wenn die Kinder bis zum nächsten Tag warten, ist die Wirkung besonders groß.
Tipp: Schneiden Sie den Stiel der Tulpe der Länge nach auf, sodass jeweils ein Stielende in ein Glas kann. Tropfen Sie nur in ein Glas etwas Tinte. Die Tulpe wird sich nur zur Hälfte blau färben.

„Ich finde Frühblüher", s. S. 72:
Sie können auch mit den Kindern gemeinsam einen Unterrichtsgang durchführen, um Frühblüher zu suchen. In die Spalte „Wo?" können Sie dann gemeinsam mit den Kindern die Straßennamen als Fundort eintragen. Dabei lernen die Kindern dann Namen von Straßen in Schulnähe kennen. Für jeden Frühblüher machen die Kinder einen Strich in die letzte Spalte. Zum Abschluss kann auch eine gemeinsame Auszählung stattfinden. Welcher Frühblüher kommt bei uns am meisten vor?

Weitere Ideen für den gemeinsamen Unterricht:
Kinder können zu dem Stück „Die vier Jahreszeiten – der Frühling" aus Antonio Vivaldis Gesamtkomposition „Opus 8" Nr. 1 (der erste Satz) Assoziationen aufmalen.

Hinweise zur Bastelkartei (Seite 73 – 76)

Die Zauberblume (s. Bastelvorlage S. 74)

Wie der Name schon sagt, kann diese Papierblume zaubern. Wenn man die geschlossene Blume auf das Wasser legt, öffnet sie sich mit der Zeit. Kinder sind davon stets fasziniert. Die Zauberblume eignet sich hervorragend, um in die Thematik „Frühblüher entwickeln sich" einzusteigen. Anschließend können die Kinder mit Hilfe der Vorlage (s. S. 76) eigene Zauberblumen erstellen. Toll sehen die Blumen aus, wenn die Kinder die Blüten von innen noch verzieren.
Tipp: Die Blüten öffnen sich, weil sich das Papier mit Wasser vollsaugt und sich dadurch ausdehnt. Die Blütenblätter brauchen also viel Platz.

Die Tulpe und das Schneeglöckchen (s. Bastelvorlage S. 75)

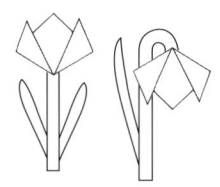

Bitte grünes Tonpapier für die Blätter und die Stängel verwenden. Nehmen Sie möglichst buntes Papier mit den Maßen 15 x 15 cm für die Tulpenblüte und weißes Papier mit den Maßen 10 x 10 cm für das Schneeglöckchen.

Tulpengirlande (s. Bastelvorlage S. 76)

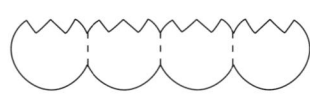

Die Kinder müssen die Vorlage „Tulpenblüte" so auf das gefaltete Papier (10,5 x 29,7 cm) legen, dass sie an mehreren Stellen bis zum oder über den Rand hinausragt. Ansonsten fällt sie beim Auseinanderfalten auseinander.

Tulpe, Krokus und die anderen Frühblüher

Arbeitspass von _____

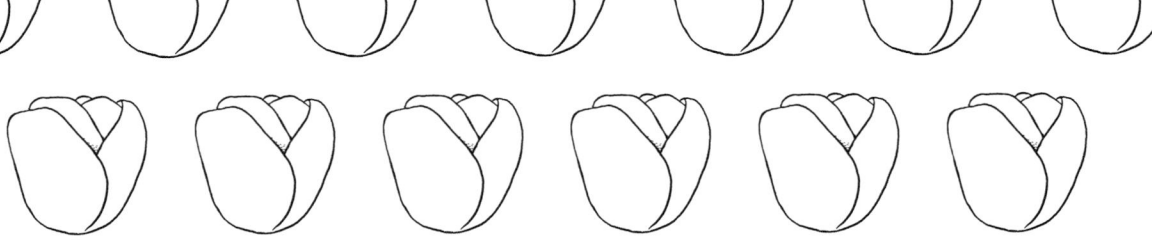

Aufbau eines Frühblühers

Arbeitspass von _____

Ein Frühblüher entwickelt sich

Arbeitspass von _____

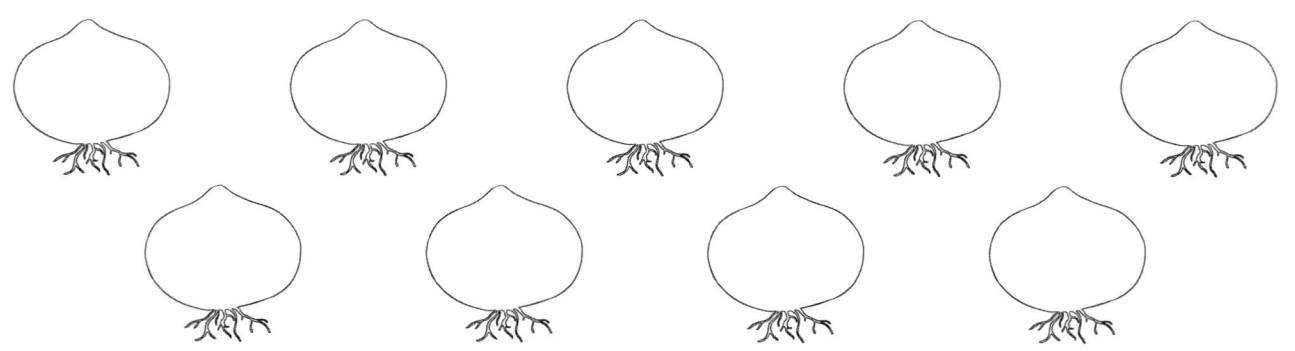

Mein Frühblüherbuch

✂ ┄┄┄

Rückmeldung für

Hier Symbol des Themen- bereiches einkleben. (s. S. 2)

_____

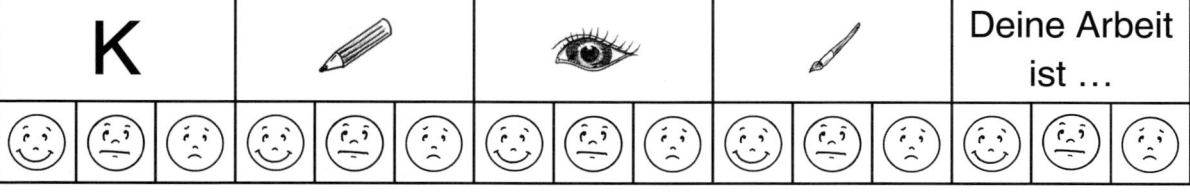

Mir ist aufgefallen _____

_____

Datum: _____   _____
                                          Unterschrift der Eltern

Spiele zu den Frühblühern (1)

Die Natur taut langsam auf

Die Kinder erfahren, wie die Natur langsam aus der Winterstarre erwacht.

Material: langsame Musik

Durchführung: Die Kinder sollen sich vorstellen, dass es draußen noch bitterkalt ist. Alles ist starr vor Kälte. Die Kinder stehen verteilt im Raum. Schalten Sie nun ruhige und langsame Musik an und geben Sie den Kindern ein Signal, welche Körperteile langsam auftauen dürfen, indem sie die Körperteile schütteln: zum Beispiel dürfen die Daumen auftauen, das rechte Bein, die Augen …

Variante: Immer zwei Körperteile tauen parallel auf!

Raus aus der Zwiebel

Durchführung: Die Schüler versammeln sich im Sitzkreis auf dem Boden. Die Lehrkraft liest langsam die Geschichte vor und gibt den Schülern Anweisungen, wie sie sich als Blumen bewegen sollen.

Geschichte: Wenn es im Frühling langsam wärmer wird, kommen die Frühblüher aus ihren Zwiebeln und Knollen hervor. Sie packen sich immer weiter aus und werden größer und größer. Bei Kälteeinbrüchen müssen sie sich aber schnell wieder zurückziehen.

Die Kinder liegen als Zwiebeln und Knollen ganz klein auf dem Boden. Die Lehrkraft (oder auch später ein Schüler) gibt die Kommandos.

„Aus der Zwiebel kommt ein Schneeglöckchen hervor!"

Die Kinder wachsen langsam zu einem Schneeglöckchen. Zum Schluss lassen sie den Kopf fallen und wiegen diesen wie eine Glocke hin und her.

„Aus der Zwiebel kommt eine Tulpe hervor!"

Die Kinder wachsen langsam zu einer Tulpe. Die Hände werden über dem Kopf zu einem Dach geformt. Der Wind lässt die Tulpe sich sachte bewegen.

„Aus der Zwiebel kommt eine Osterglocke hervor!"

Die Kinder wachsen langsam zu einer Osterglocke. Die Hände werden hinter die Ohren zu einer breiten Blüte gelegt.

„Aus der Zwiebel kommt eine Hyazinthe hervor!"

Die Kinder wachsen langsam zu einer Hyazinthe. Sie fassen ihre Arme um ihren Körper, um die Größe der Blüte anzudeuten.

„Aus der Knolle kommt ein Krokus hervor!"

Die Kinder wachsen langsam zu einem Krokus. Da Krokusse oft in kleinen Gruppen zusammenstehen, sucht sich jedes Kind mindestens einen anderen Krokus, mit dem es dann zusammenstehen kann.

Während dieser Wachstumsphasen kommt es immer wieder zum Kälteeinbruch. Auf das Kommando ***„Ab in die Zwiebel"*** verkriechen sich die Kinder wieder in ihre Zwiebel.

Spiele zu den Frühblühern (2)

Tulpen lieben die Sonne

Tulpen öffnen ihre Blüten, wenn die Sonne scheint. Bei Regen sind die Blüten verschlossen. Bei diesem Spiel werden die Kinder zu Tulpen und verinnerlichen ihre neue Rolle.

Durchführung: Die Kinder stehen als Tulpen im Klassenraum. Die Kinder können sich selbst überlegen, wie eine blühende Tulpe aussehen könnte. Sobald alle Kinder ihre Position gefunden haben, sollen sie die Augen schließen. Ein Kind darf nun „Regenwolke" spielen und das Licht ausmachen. Sobald das Licht ausgeht, sollen sich die Tulpenblüten schließen. Die Kinder nehmen trotz der geschlossenen Augen wahr, dass das Licht ausgegangen ist. Nun kann sich das Wolkenkind ein anderes Kind aussuchen.

Tipp: Es ist für die Kinder leichter, den Wechsel zwischen hell und dunkel wahrzunehmen, wenn der Raum abgedunkelt ist.

Das Schneeglöckchen blüht in der Sonne auf

Die Kinder spielen zu zweit nach, wie ein Schneeglöckchen in der wärmenden Sonne langsam wächst.

Material: langsame Musik

Durchführung: Immer zwei Kinder gehen zusammen. Ein Kind ist das Schneeglöckchen, das andere Kind ist die wärmende Sonne.
Das Schneeglöckchen kauert sich verpackt in seiner Zwiebel auf den Boden. Die Sonne darf die Zwiebel ganz vorsichtig (vgl. **Tipp**) in einer festen Reihenfolge auspacken und zu einem Schneeglöckchen wachsen lassen. Die Bewegungen sollten möglichst langsam (Zeitlupe) und im gleichen Rhythmus vollzogen werden.

1. Die Arme werden zunächst zur Seite und dann nach oben gestreckt.
2. Der Kopf wird vorsichtig gehoben.
3. Die Augen werden behutsam berührt und öffnen sich dadurch.
4. Die Beine werden aufgerichtet.
5. …

Variante: Die Paare sprechen gemeinsam ab, welche Bewegungen vollzogen werden sollen.

Tipp: Bitte die Kinder darauf aufmerksam machen, dass man nicht an dem anderen Kind reißen darf! Es sollen langsame, fließende Bewegungen sein, die zur Musik passen.

Rätselkarten „Wer bin ich?" (1)

Einsatzmöglichkeiten der Rätselkarten

Sie können die fünf Rätselkarten zu den bekanntesten Frühblühern methodisch und zeitlich unterschiedlich einsetzen:
Als Einstieg in das Thema: Heften Sie dazu passende Fotos an die Tafel oder stellen Sie echte Blumen für alle Kinder sichtbar in den Klassenraum. Lesen Sie dann die Rätsel vor.

Die Texte sind so einfach gehalten, dass die Kinder sich die Rätsel auch partnerweise vorlesen können.

Ebenso ist es denkbar, dass sie die Rätsel als Lernzielkontrolle ganz zum Ende der Unterrichtsreihe zu den Frühblühern als Überprüfung des Kompetenzzuwachses einsetzen.

Ich bin die erste blühende Blume im Jahr.
Ich bin recht klein.
Ich blühe im Februar und März.
Meine kleine Blüte ist immer weiß und sieht aus
wie ein kleines Glöckchen.
Ich wachse aus einer Zwiebel.
Meine kleinen Blätter sind schmal und lang.
Mein Name erinnert dich an den Winter.

Schneeglöckchen

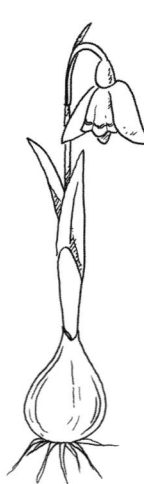

Ich habe ganz viele Namen.
Ich bin recht groß.
Ich blühe im März und im April.
Ich bin meistens gelb.
Meine Blätter sind lang und spitz.
Ich wachse aus einer Zwiebel.
Da ich oft zu Ostern blühe, habe ich auch
diesen Namen bekommen.

Osterglocke

Rätselkarten „Wer bin ich?" (2)

Ich bin recht klein.
Ich blühe im Februar, März, April und Mai.
Mich gibt es in den Farben Blau, Violett, Weiß und Gelb. In Rot wirst du mich nie finden.
Meine Blätter sind sehr schmal und haben einen weißen Streifen. Ich habe sechs Blütenblätter.
Ich habe einen recht kurzen Stängel.
Ich habe keine Zwiebel, sondern eine Knolle.
Ich mag die Sonne. Bei Kälte oder Wolken schließe ich meine Blüte.

Krokus

✂ ··

Ich bin recht groß.
Ich blühe im April und im Mai.
Mich gibt es in ganz vielen Farben und Sorten.
Manchmal habe ich sogar mehrere Farben.
Meine Blätter sind breit und lang.
Ich wachse aus einer Zwiebel.
Abgeschnitten wachse ich in der Vase nach.
In Holland bin ich besonders beliebt.
Bei Sonne öffne ich meine Blüte.

Tulpe

✂ ··

Ich blühe meist im April bis Mai.
Meine Blüte kann weiß, gelb, rosa, lila oder blau sein.
Meine Blüte ist recht groß und hat die Form einer Kerze.
Meine Blüte besteht aus vielen kleinen Blüten.
Ich wachse aus einer Zwiebel.
Meine Blüte riecht sehr stark. Du kannst mich schon von weitem riechen.
Mein Name ist sehr schwer zu schreiben.

Hyazinthe

✂ ··

11

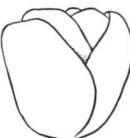

Themengebiet: Tulpe, Krokus und die anderen Frühblüher

Lernziel:
Die Schüler lernen die Namen der Frühblüher Osterglocke, Tulpe, Krokus, Hyazinthe und Schneeglöckchen kennen und lernen, die Arten voneinander (auch in der freien Natur) zu unterscheiden.

	Art der Aufgabe	Name der Aufgabe	Seite
L	Einstieg	Weitere Ideen	13
L	Einstieg	Fantasiereise: Frühlingsspaziergang über die Blumenwiese	14
K	Kernaufgabe	Bekannte Frühblüher	15
K	differenzierte Arbeitsblätter zur Kernaufgabe	Bekannte Frühblüher	16
	fächerübergreifende Arbeitsaufträge	Wo sind sie versteckt?	18
		Wer bin ich?	19
		Richtig oder falsch?	20
		Ein Wort zu viel	21
		Wie heiße ich?	22
		Verbinde!	23
		Lies und male dann	24
		Was für ein Durcheinander!	25
		Auf der Blumenwiese	26
		Erkennst du mich?	27
		Welcher Schatten passt?	28
		Was gehört zu wem?	29
		Alles Frühblüher	30

Einstiegsmöglichkeiten in das Thema

Fantasiereise „Frühlingsspaziergang über die Blumenwiese", s. S. 14:
Diese Fantasiereise bietet den Schülern die Möglichkeit, sich intensiv und individuell auf das neue Thema „Frühblüher-Arten" einzulassen. Alle wichtigen Begrifflichkeiten kommen im Text vor. Es empfiehlt sich, begleitende Hintergrundmusik zur Entspannung laufen zu lassen. Ebenso können Sie diese Aufgabe in einer konzentrierten Arbeitsphase nutzen, damit sich Ihre Schüler wieder entspannen können.

Arbeit mit der Kernaufgabe „Bekannte Frühblüher", s. S. 15:
Für Ihren Unterricht sollten Sie bitte die Abbildungen der Frühblüher und die Namenskärtchen möglichst groß kopieren. Heften Sie bitte alle Blumen und alle Namen einzeln und unsortiert an die Tafel. Falls Sie in Ihrem Klassenraum eine magnetische Tafel haben, hat es sich als praktikabel erwiesen, die Rückseite der Bilder und Namen mit einem Magnetstreifen zu versehen. Da viele Kinder mit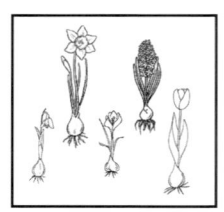
Sicherheit eine Tulpe kennen, wird den Schülern der Arbeitsauftrag meist ohne zusätzliche Erklärung (stummer Impuls) deutlich sein. Die meisten Kinder werden die Frühblüher schon einmal gesehen haben. Viele Kinder werden die Namen Tulpe, Krokus und Osterglocke schon einmal gehört haben und auch die richtige Zuordnung gelingt vielen. Die Namen der Hyazinthe und des

Themengebiet: Tulpe, Krokus und die anderen Frühblüher

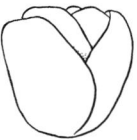

Schneeglöckchens werden nicht allen Kindern in diesem Zusammenhang klar sein und sollten deshalb von Ihnen extra erwähnt werden. Anschließend können die Schüler das differenzierte Arbeitsblatt „Bekannte Frühblüher" (s. S. 16/17) bearbeiten. Als Musterlösung kann dann das fertige Puzzle an der Tafel dienen. Das Puzzle kann auch in den folgenden Stunden zum Einstieg oder zur Vertiefung genutzt werden.

Alternative 1: Mitgebrachte Bilder von verschiedenen Frühblühern (**Tipp:** *www.google.de* → Bilder → Suchwort: „Frühblüher") an die Tafel heften und mit einer einfachen Strichzeichnung eines Baumes vergleichen.

Alternative 2: Bringen Sie oder lassen Sie die Kinder die fünf Frühblüher mit in die Schule bringen. Diese können in vielen Unterrichtssituationen genutzt werden.

Differenzierung: Im Anschluss an die Beschäftigung mit den fünf bekanntesten Frühblühern können Sie den Kindern weitere Frühblüher vorstellen. Beispielsweise könnten dies Buschwindröschen, Veilchen, Schlüsselblumen usw. sein.

Weitere Ideen zum Thema:

Bestimmungskärtchen für den Klassenraum: Erstellen Sie Bestimmungskärtchen für Ihren Klassenraum. Die Kinder haben dann die Aufgabe, die richtigen Kärtchen zu den entsprechenden Frühblühern zu stellen.

Frühblüher pressen: Die Frühblüher werden in Löschblätter oder Zeitungspapier und unter einen Stapel schwerer Bücher oder in eine Pflanzenpresse gelegt. Das Pressen kann drei bis vier Wochen dauern.

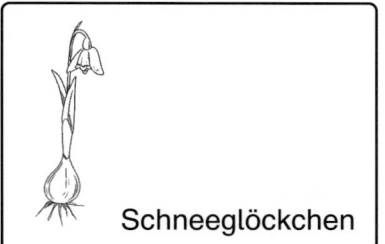
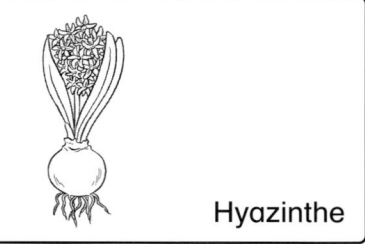
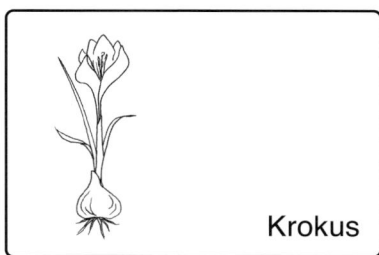
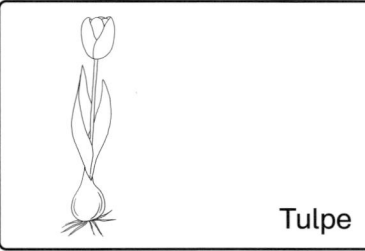
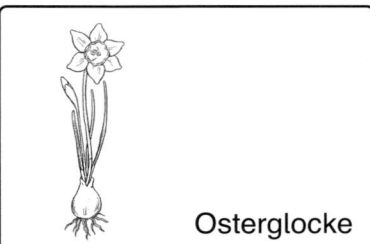

Frühblüher-Memo-Spiel: Die Kinder können sich ihr eigenes Frühblüher-Memo-Spiel aus den gepressten Blumen erstellen.

Fantasiereise: Frühlingsspaziergang über die Blumenwiese

Ich möchte dich jetzt zu einer ganz besonderen Reise mitnehmen. Dafür musst du ganz leise sein und mir genau zuhören. Setze dich ganz bequem auf deinen Stuhl. Verschränke deine Arme auf deinem Tisch und lege deinen Kopf darauf. Nun schließe deine Augen. Du wirst ganz ruhig. Spüre deinen Atem. Du wirst immer ruhiger. Du schläfst nicht ein. Du hörst nur zu. Atme ganz tief ein. Du fühlst dich wohl und es geht dir gut.

Am Ende eines langen Winters sehnst du dich wie wir alle nach dem Frühling. An manchen Tagen ist es noch kalt, manchmal schneit es auch noch oder der Boden gefriert nachts. Aber trotzdem kann man die ersten Zeichen erkennen, dass bald der Frühling da ist. Komm mit auf einen Spaziergang und du wirst die Spuren des Frühlings sehen.

Es ist ein wunderschöner, sonniger Tag. Stelle dir vor, du gehst durch einen Park. Herrlich! Über dir hörst du die Vögel zwitschern und die Sonne strahlt am hellblauen Himmel. Hier und da siehst du eine kleine weiße Wolke vorbeiziehen. Die Bäume und Sträucher haben noch keine Blätter. Trotzdem bist du auf der Suche nach dem Frühling.

Auf einmal siehst du überall rote, gelbe, weiße und blaue Farbtupfer. Was ist das? Alle Farbtupfer sind Blumen. Es sind die Frühblüher! Das sind Blumen, die als Erste im Jahr nach dem Winter blühen. Gerade vor deinen Füßen siehst du eine kleine Blume. Ihre weiße Blüte hängt wie eine Glocke an einem kleinen Stängel. Diese Blume ist etwas Besonderes. Sie ist die erste Blume, die im Frühling erscheint. Es ist das **Schneeglöckchen**.

Aber vor dir siehst du noch viele andere Blumen, die gerade erst ihre Blüten öffnen. Links von dir siehst du gelbe **Osterglocken**. Das Gelb der Frühlingsblume leuchtet kräftig. Es sieht aus wie das Gelb der Sonne. Viele hundert Osterglocken blühen gleichzeitig. Die Blüten bilden einen gelben Teppich.

Neben den Osterglocken siehst du **Krokusse**, die ihre Blüten gerade geöffnet haben. Die Krokusse sind blau, lila, weiß und gelb. Sie sind kleiner als die Osterglocken, aber durch ihre vielen bunten Farben sind sie wunderschön.

Etwas weiter siehst du ein Meer von roten, weißen und gelben Blumen. Was sind das für Frühlingsblumen? Du gehst ein Stück auf sie zu, um sie besser sehen zu können. Du willst wissen, welche Blumen solch eine herrliche Farbenpracht hervorrufen können. Es sind **Tulpen**, die in der Frühlingssonne leuchten. Die Tulpen haben ihre Blüten gerade geöffnet. Auch sie zeigen dir, dass es Frühling ist. Du gehst näher heran und schaust dir eine besonders schöne rote Tulpe genauer an. Der Tulpenkopf bewegt sich und schwankt leicht hin und her.

Plötzlich steigt dir ein wunderbarer Duft nach Frühling in die Nase. Wo kommt dieser Duft nur her? Du nimmst die Duftspur auf und stehst vor vier blauen Blumen. Die Blüten sind groß und duften herrlich. Du weißt, das sind **Hyazinthen**.

Du fühlst den Frühling in jedem Winkel deines Körpers. Du betrachtest noch einmal das wunderschöne Meer aus Tulpen. Du bewunderst noch einmal die Osterglocken und die Krokusse. Du riechst noch einmal die Hyazinthen und schaust ein letztes Mal auf die Schneeglöckchen. Herrlich, die Frühblüher künden den Frühling an!

Nun komme ganz langsam mit deiner Aufmerksamkeit wieder in den Raum zurück. Spüre deine Füße, deine Beine, deine Finger, deine Arme, deinen Körper. Komme langsam hier an und öffne deine Augen. Nun sind wir alle wieder hier.

Bekannte Frühblüher

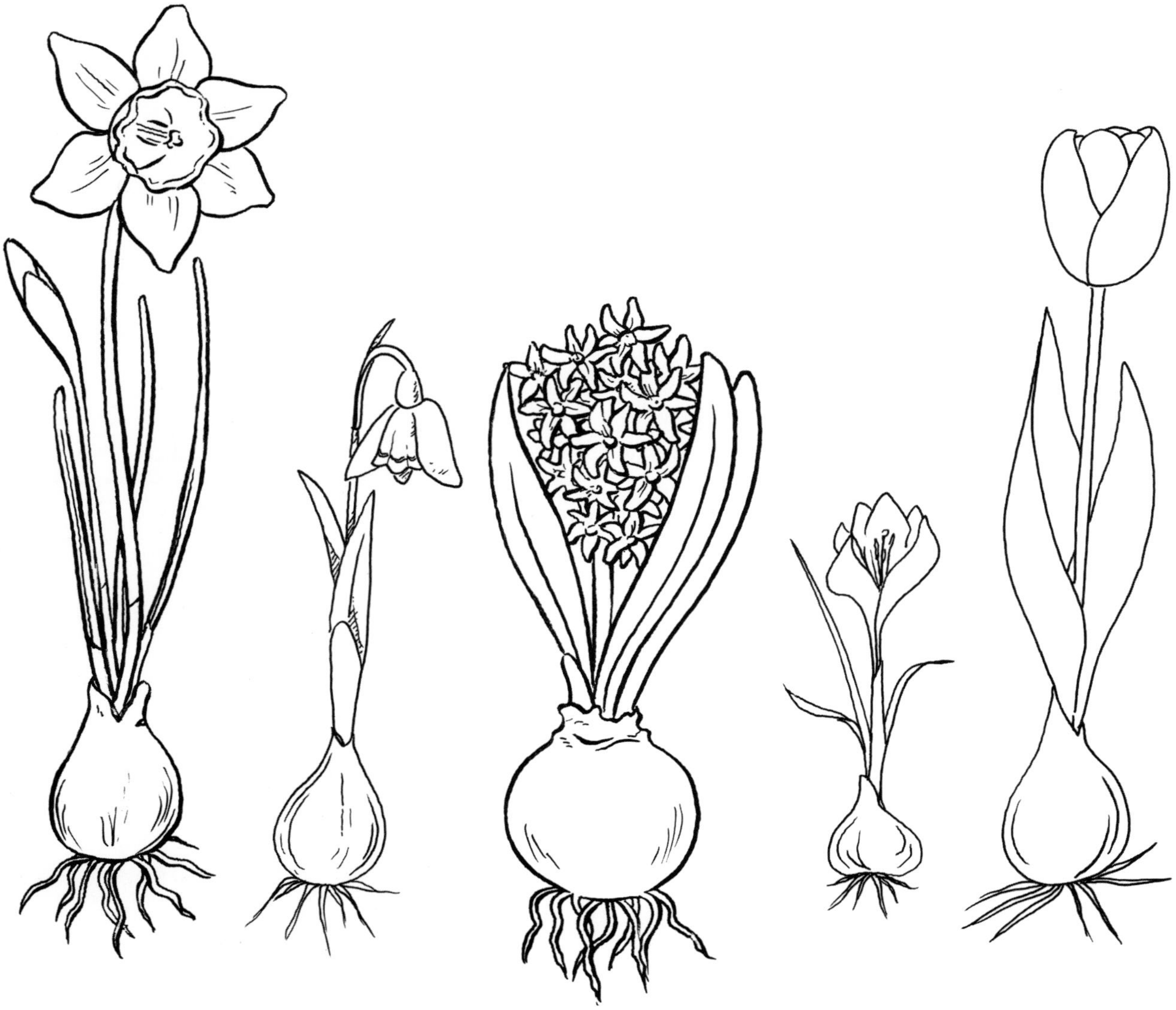

| die Tulpe | die Osterglocke | die Hyazinthe |

| der Krokus | das Schneeglöckchen |

Bekannte Frühblüher

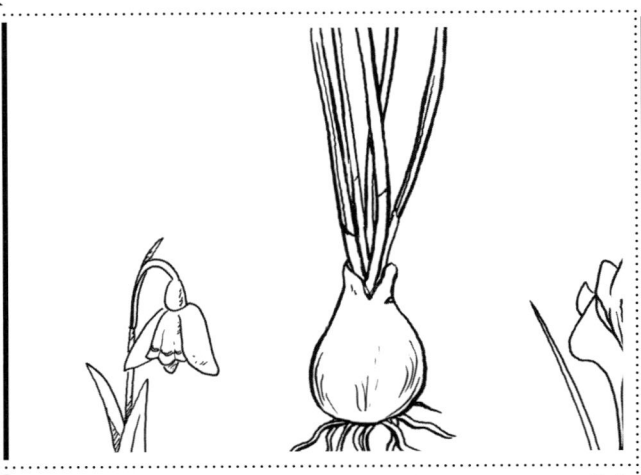

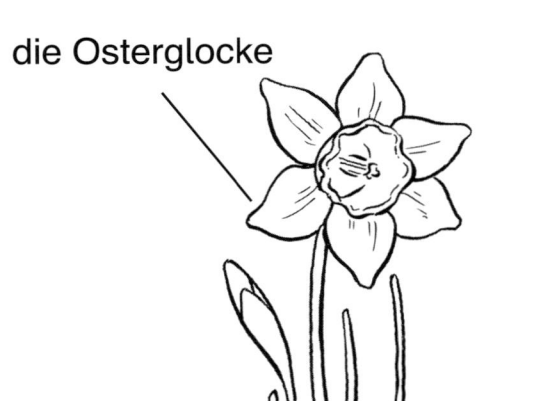
die Osterglocke

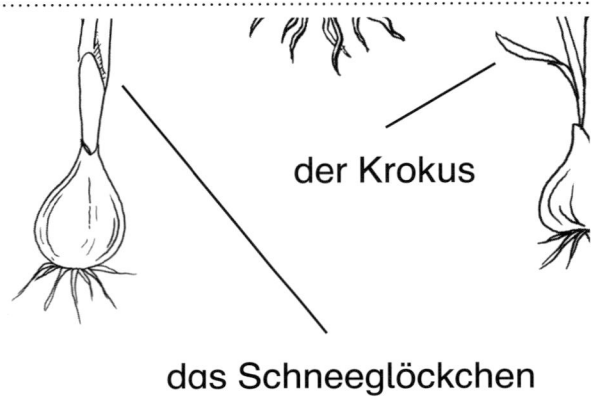
der Krokus
das Schneeglöckchen

die Hyazinthe

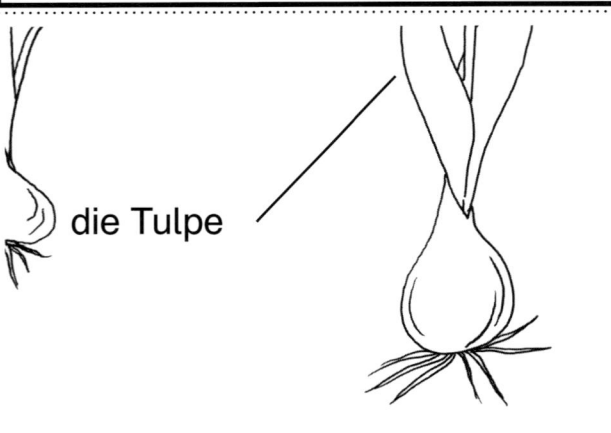
die Tulpe

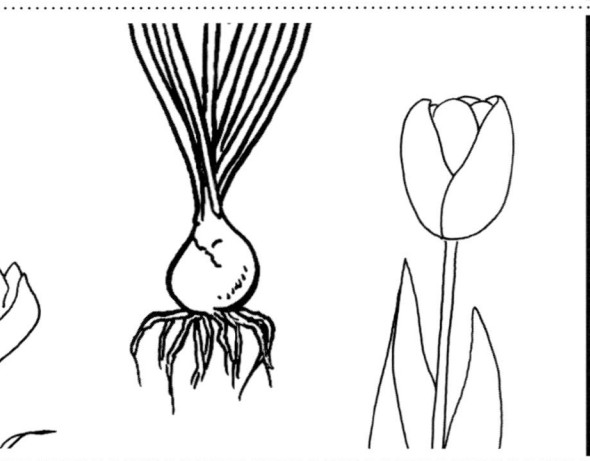

Bekannte Frühblüher

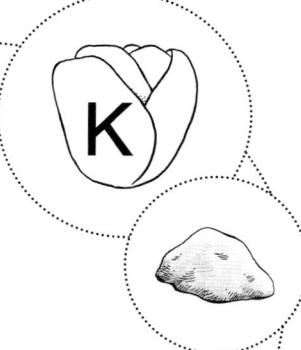

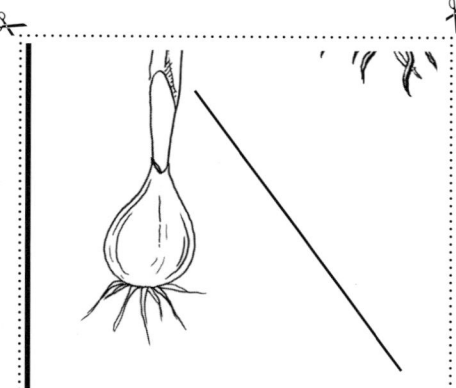
das Schneeglöckchen

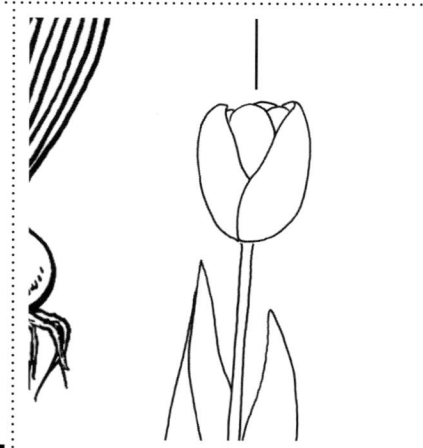

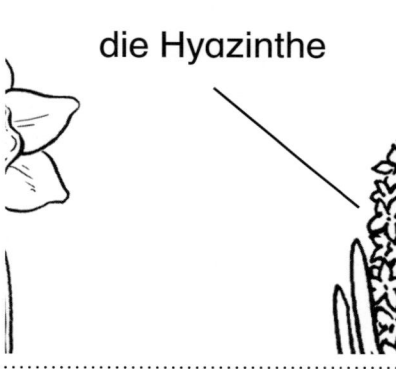
die Hyazinthe

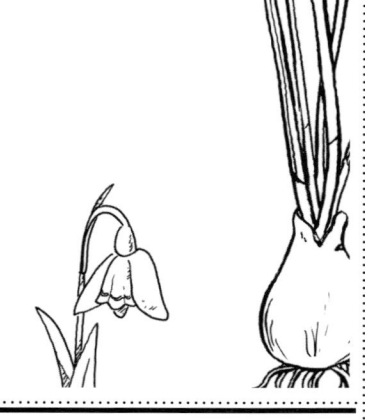

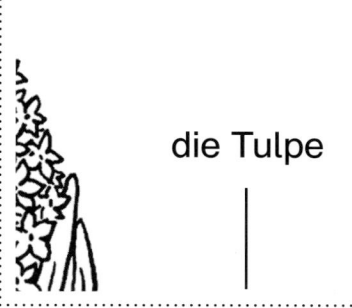
die Tulpe

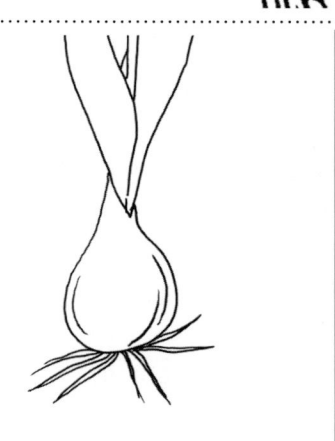

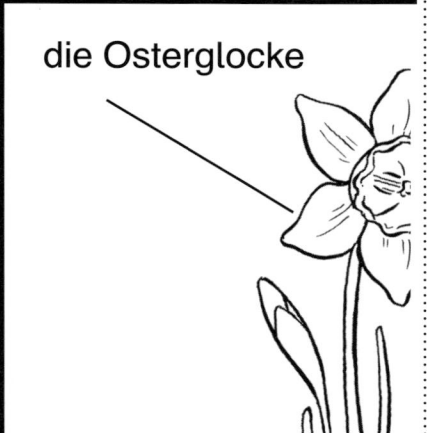
die Osterglocke

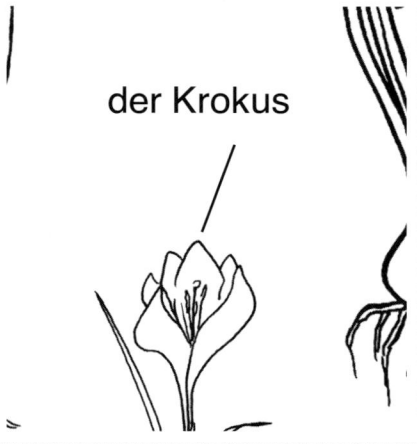
der Krokus

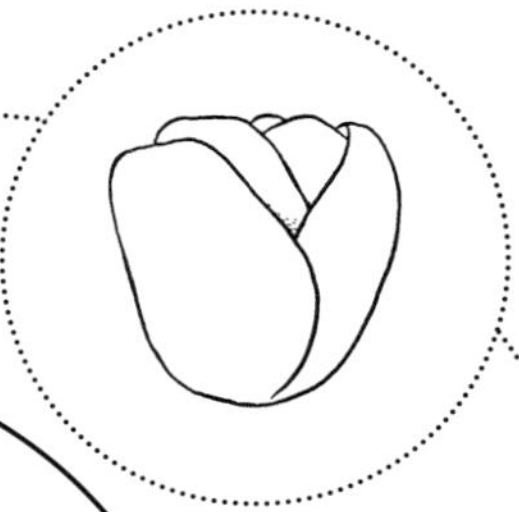

Wo sind sie versteckt?

Alle Blumen haben sich zweimal versteckt.

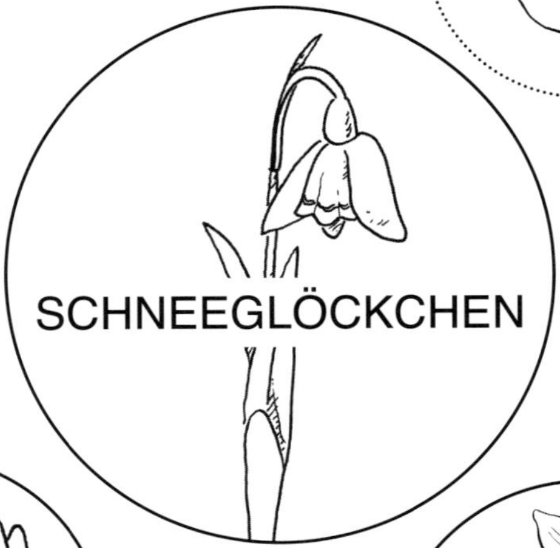

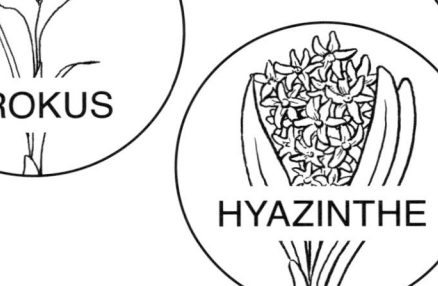

SCHNEEGLÖCKCHEN

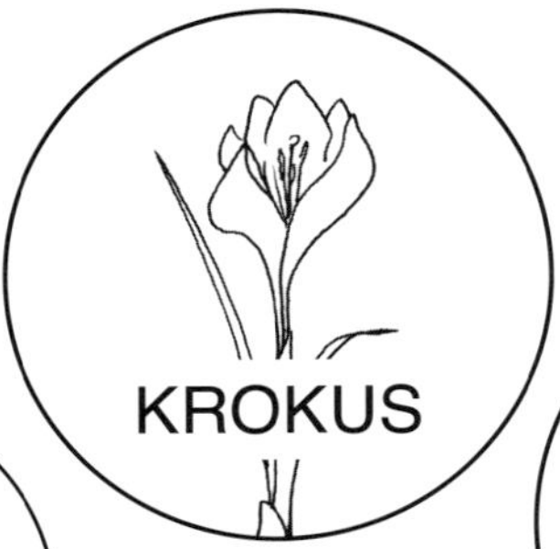

KROKUS

HYAZINTHE

TULPE

OSTERGLOCKE

K	R	O	K	U	S	N	L	B	R	I	K	U	X	S
S	D	O	S	T	E	R	G	L	O	C	K	E	R	C
R	L	N	R	V	T	H	A	F	S	L	S	N	M	H
I	W	S	K	Z	R	Y	K	T	T	B	N	Z	N	N
L	P	R	B	L	X	A	T	U	E	Q	N	B	K	E
M	F	N	J	T	C	Z	F	L	R	X	P	R	W	E
Q	G	M	C	W	R	I	R	P	G	C	Z	L	A	G
Z	X	E	H	P	N	N	S	E	L	W	K	X	Z	L
K	T	S	V	N	R	T	C	M	O	T	R	B	B	Ö
T	U	L	P	E	X	H	F	W	C	R	O	V	E	C
S	W	B	C	M	Z	E	B	T	K	L	S	R	K	K
X	N	F	D	P	M	S	R	M	E	X	U	G	N	C
H	Y	A	Z	I	N	T	H	E	Ü	N	S	F	T	H
B	E	P	R	T	R	Q	X	C	T	C	R	Z	F	E
S	C	H	N	E	E	G	L	Ö	C	K	C	H	E	N

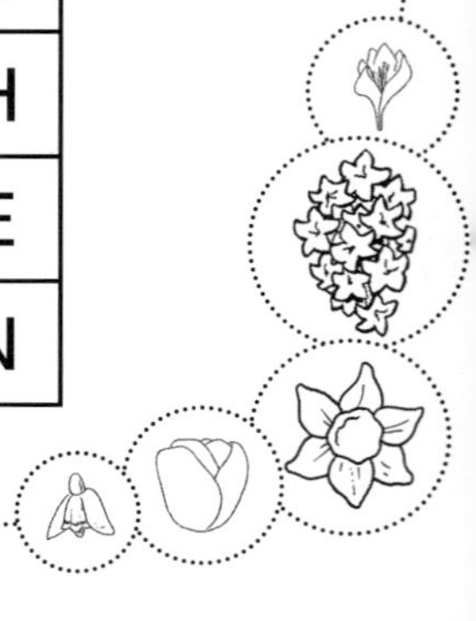

Wer bin ich?

Krokus

Richtig oder falsch ?

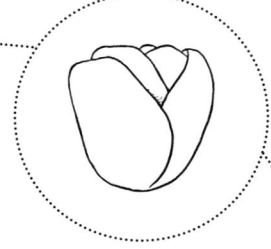

		richtig	falsch
Das ist eine Tulpe.			
Die Osterglocke hat zwei Blüten.			
Das sind zwei Krokusse.			
Hier sind drei Tulpen.	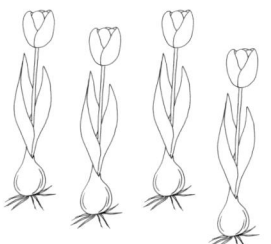		
Die Tulpe hat vier Blüten.			
Das ist eine Hyazinthe.			

Ein Wort zu viel

Auf der Wiese steht ~~fällt~~ eine Tulpe.

Das Schneeglöckchen steht im Sand Schnee.

Die Tulpe Osterglocke ist umgeknickt.

Auf der Wiese blühen zwei drei Krokusse.

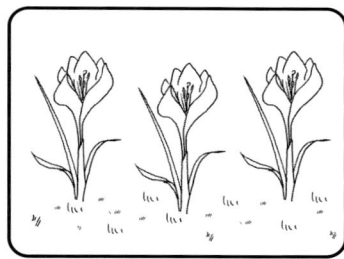

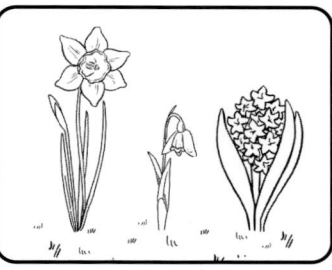

Osterglocke, Schneeglöckchen und Hyazinthe stehen nebeneinander übereinander.

Zwischen zwei Tulpen wächst gräbt eine Hyazinthe.

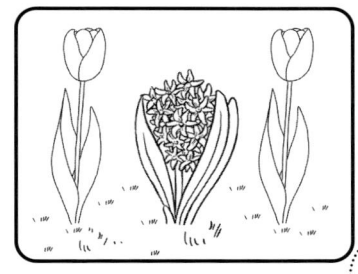

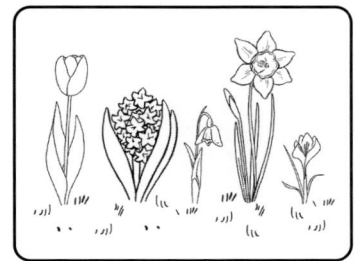

Fünf verschiedene gleiche Frühblüher blühen.

Wie heiße ich?

☐ Krokus	☐ Osterglocke
☐ Schneeglöckchen	☐ Hyazinthe
☐ Tulpe	☐ Schneeglöckchen

☐ Tulpe	☐ Osterglocke
☐ Hyazinthe	☐ Krokus
☐ Krokus	☐ Schneeglöckchen

Wie heiße ich?

☐ Osterglocke	☐ Schneeglöckchen
☐ Tulpe	☐ Krokus
☐ Krokus	☐ Osterglocke

☐ Osterglocke	☐ Schneeglöckchen
☐ Hyazinthe	☐ Hyazinthe
☐ Krokus	☐ Tulpe

Verbinde!

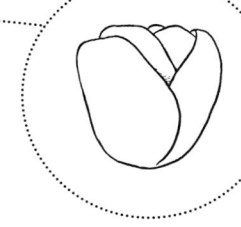

Osterglocke

Heizung

Katze

Hyazinthe

Tiger

Schere

Tulpe

Turban

Scheibe

Krokus

Krokus

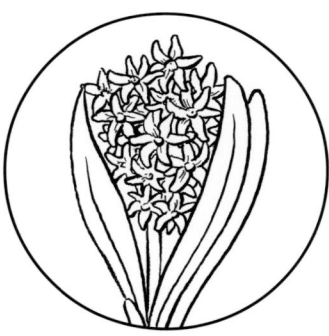

Osterei

Haus

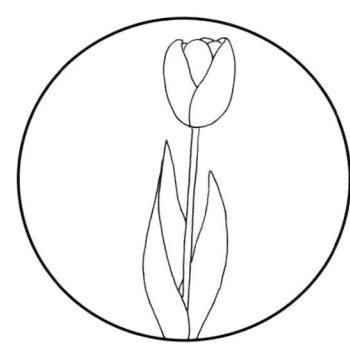

Tee

Schneeglöckchen

Tulpe

Hyazinthe

Lies und male dann

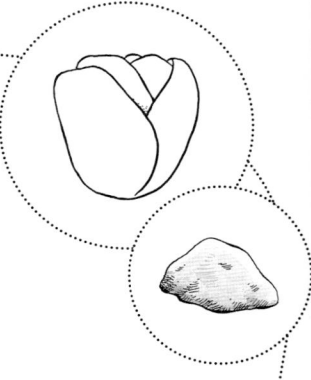

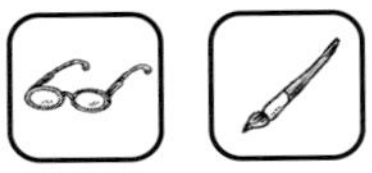

Das Gras, alle Blätter und die Stängel der Blumen sind grün.
Über der Osterglocke fliegt eine Biene.
Die Osterglocke hat eine gelbe Blüte.
Der Krokus ist lila.
Alle Tulpen sind rot.
Im Gras kriecht eine Schnecke.
Der Himmel ist blau.
Zwei kleine Wolken sind zu sehen.
Das Schneeglöckchen hat eine weiße Blüte.

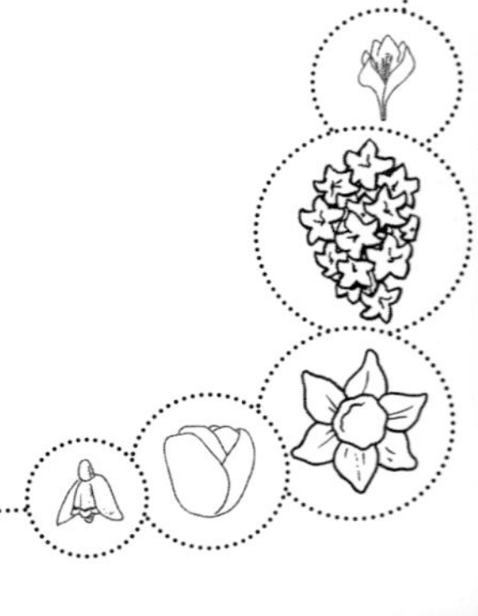

Was für ein Durcheinander!

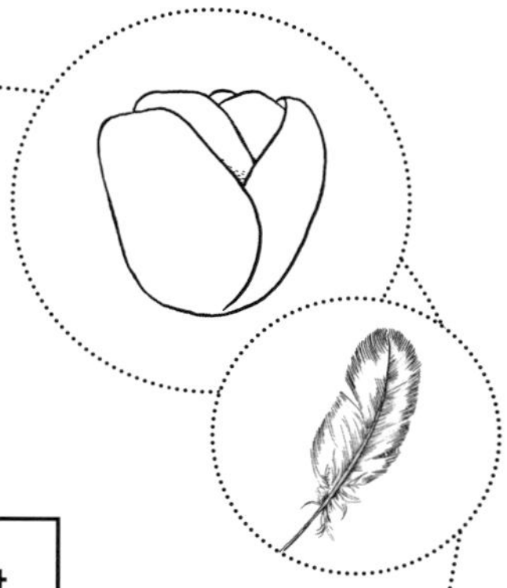

- ① Das Schneeglöckchen ③ früh. ② blüht
- ○ ist ○ Die Osterglocke ○ gelb.
- ○ stark. ○ riecht ○ Die Hyazinthe  
- ○ Der Krokus ○ lila. ○ ist 
- ○ schön. ○ Die Tulpe ○ ist 

Was für ein Durcheinander!

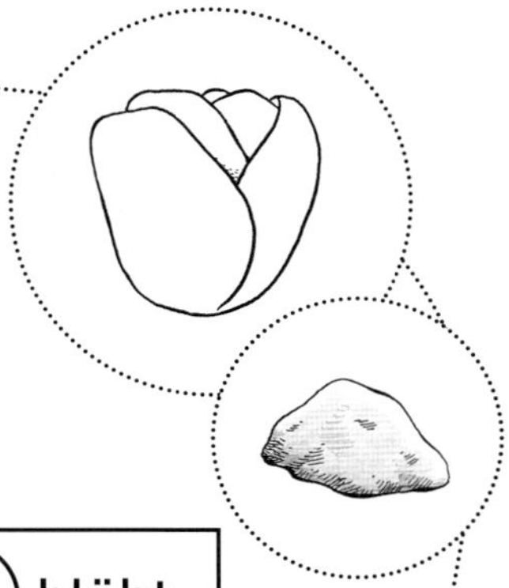

- ③ früh ① Das Schneeglöckchen ④ im Jahr. ② blüht
- ○ die Osterglocke ○ ist ○ gelb. ○ Meistens
- ○ stark. ○ sehr ○ duftet ○ Die Hyazinthe 
- ○ Krokusse ○ viele Farben ○ können ○ haben.
- ○ sieht ○ Die Tulpe ○ aus. ○ schön

Auf der Blumenwiese

Erkennst du mich?

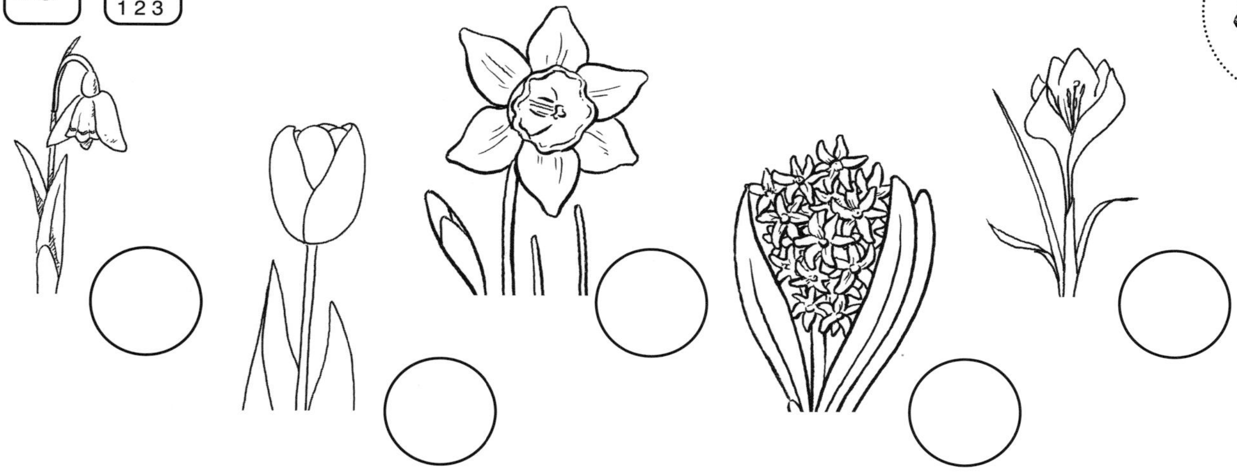

1 Ich habe sechs Blütenblätter. Ich blühe in den Farben Weiß, Lila, Gelb oder Blau. Ich heiße _____ .

2 Ich stecke oft meine weiße Blüte bereits im Winter durch den Schnee. Mein Name erinnert daran. Ich heiße _____ .

3 Ich habe eine gelbe Blüte und einen langen Stiel. Meine Blätter sind lang und spitz. Manchmal blühe ich zu Ostern. Das erkennst du an meinem Namen. Ich heiße _____ .

4 Ich habe eine große Blüte. Meine Blüte riecht sehr stark. Mein Name ist schwer zu schreiben. Ich heiße _____ .

5 Mich kennst du bestimmt. Es gibt mich in sehr vielen Farben, zum Beispiel in Gelb, Weiß, Rosa und Rot. Manchmal habe ich sogar mehrere Farben. Ich heiße _____ .

Welcher Schatten passt?

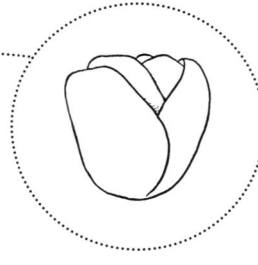

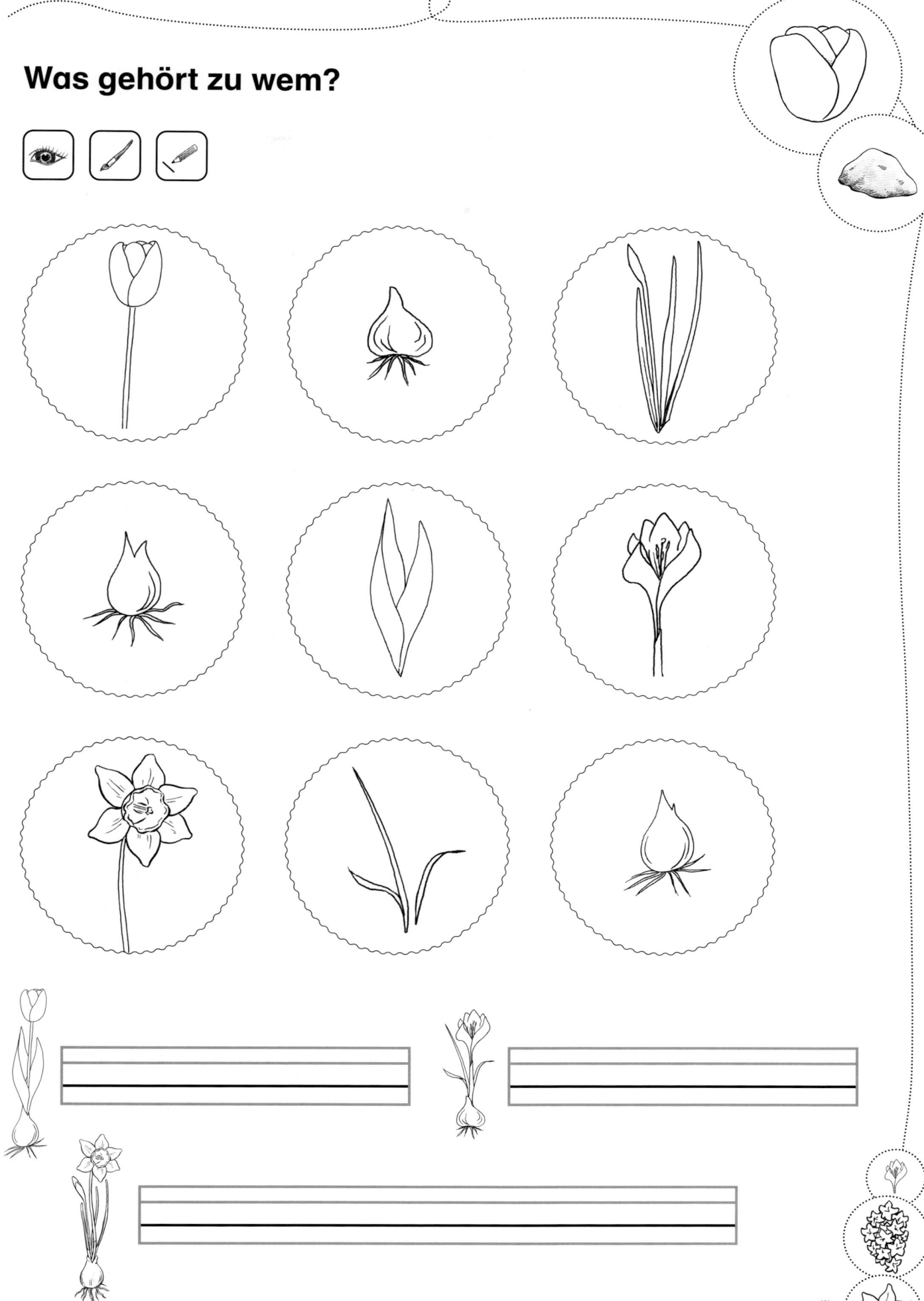

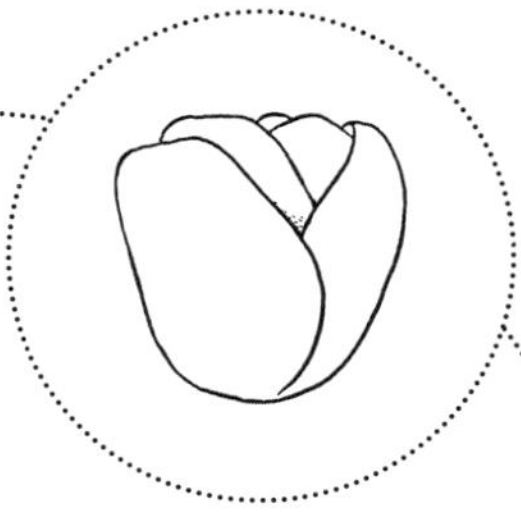

Alles Frühblüher

1. Tulpe
2. Osterglocke
3. Hyazinthe
4. Krokus
5. Schneeglöckchen

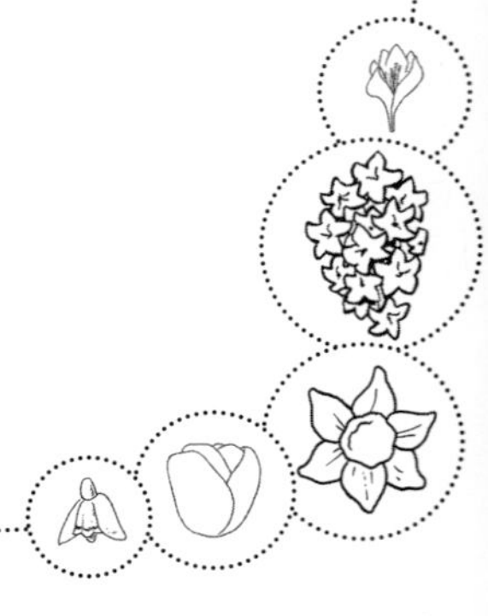

Themengebiet: Aufbau eines Frühblühers

Lernziel:
Die Schüler lernen den Aufbau eines Frühblühers kennen und ein Wissen über die Funktion der einzelnen Teile der Pflanze wird angebahnt. Sie lernen in diesem Zusammenhang wichtige Fachbegriffe (Wurzel, Zwiebel bzw. Knolle, Stängel, Blatt, Blüte evtl. auch Blütenblätter, Stempel, Staubblätter) kennen.

	Art der Aufgabe	Name der Aufgabe	Seite
L	Einstieg	Meditations-Rätsel: Wen oder was halte ich in meiner Hand?	32
K	Kernaufgabe	Puzzle „So sieht ein Frühblüher aus"	34
K	differenzierte Arbeitsblätter zur Kernaufgabe	Teile eines Frühblühers	35
	fächerübergreifende Arbeitsaufträge	Wo sind sie versteckt?	37
		Wer bin ich?	38
		Richtig oder falsch?	39
		Ein Wort zu viel	40
		Wie heiße ich?	41
		Jeder hat seine Aufgabe	42
		Schaue genau!	43
		Lies und male dann	44
		Zwiebel oder Knolle	45
		Teile der Blumen finden	46
		Welcher Schatten passt?	47
		Der Krokus liebt die Sonne	48

Einstiegsmöglichkeiten in das Thema

Die Besonderheit der Frühblüher sind ihre Speicherorgane. Schneeglöckchen, Osterglocke, Tulpe und Hyazinthe wachsen aus einer Zwiebel, Krokusse haben eine Wurzelknolle. Diese Speicherorgane sind erst richtig sichtbar, wenn sich die Pflanze am Ende ihres oberirdischen Erscheinens zurückgezogen hat. Unterschiedlich sind sie in ihrer äußeren Form und ihrer inneren Struktur.
Dazu können Sie mit Ihren Kindern mit dem **Meditations-Rätsel „Wen oder was halte ich in meiner Hand?"** (s. S. 32) in die Thematik starten. Die Kinder benötigen hierfür jeweils eine Zwiebel. Es müssen keine Blumenzwiebeln sein. Es hat sich als praktikabel erwiesen, wenn Sie handelsübliche Küchenzwiebeln nehmen. Wahlweise können Sie das Rätsel später auch mit einer Kartoffel als Beispiel für eine Knolle durchführen.

Im Anschluss an die Meditation können die Kinder frei oder mit Hilfe der Leitfragen von ihren Eindrücken und Wahrnehmungen berichten. Es folgt die Bearbeitung der Kernaufgabe (ab. S. 34).

Meditations-Rätsel: Wen oder was halte ich in meiner Hand?

Die Kinder sitzen im Stuhlkreis oder auf ihren Plätzen. Lesen Sie das Rätsel langsam vor. Weisen Sie Ihre Schüler darauf hin, dass es wichtig ist, dass niemand die Lösung in den Klassenraum ruft. Dann wäre die Spannung für die anderen Kinder verloren.
Tipp: Wenn ein Kind meint, den Gegenstand erraten zu haben, darf es eine Hand heben (Alternative: sich hinstellen).

Setze dich bequem auf deinen Stuhl.
Schließe deine Augen! Lasse deine Augen bitte so lange geschlossen, bis ich dir sage, dass du sie wieder öffnen kannst.
Forme deine Hände zu einer Schale.
Ich werde dir jetzt etwas in deine Hände legen. Ich bin gespannt, ob du erfühlen kannst, was ich dir in die Hände gelegt habe.
Verrate es nicht, behalte es für dich!

Verteilen Sie nun die (Küchen-)Zwiebeln an alle Kinder im Stuhlkreis!

Nun **ertaste** den Gegenstand langsam. Streiche mit den Fingern über seine Oberfläche. Fahre mit den Fingern von links nach rechts und von oben nach unten. Suche den Anfang und das Ende des Gegenstandes. Spüre seine Rundungen. Hat der Gegenstand auch Ecken und Kanten?

Nun führe den Gegenstand langsam mit deiner Hand zu deiner Nase!
Rieche daran! Atme mehrfach tief ein!
Kannst du etwas riechen? Woran erinnert dich der Geruch?

Halte ihn nun auch an dein Ohr! Streiche noch einmal über ihn.
Kannst du etwas **hören**?

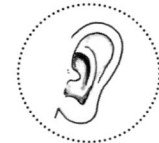

Nun weißt du sicher, was ich dir in die Hand gelegt habe, oder?

Öffne nun deine Augen und schaue, ob du den Gegenstand erraten hast.
Sieh dir den Gegenstand noch einmal genau an! Betrachte seine Farbe und seine Form. Du kannst noch viel mehr entdecken!

Führen Sie im Anschluss ein kurzes Gespräch mit den Schülern über ihre Erfahrungen.

Themengebiet: Aufbau eines Frühblühers

Mögliche Impulse zur Überleitung
- Wie lange hat es gedauert, bis du den Gegenstand erkannt hast?
- Woran hast du ihn erkannt?
- Woran hat dich der Geruch erinnert?
- Konntest du etwas hören?
- Was ist dir an der Zwiebel aufgefallen?
- Warum denkst du, habe ich dir diese Zwiebel in die Hände gelegt?
- Woher kennst du Zwiebeln / Kartoffeln?

Mögliche Fachbegriffe in dieser Phase: Wurzel, Zwiebel, Knolle
Mit den letzten Impulsen bringen die Schüler die Zwiebel / die Knolle mit den Frühblühern in Verbindung.
Tipp: Setzen Sie hierzu die Forscherkarte „Wie sieht eine Zwiebel von innen aus?" (s. S. 71) ein.

Arbeit mit dem Puzzle:
Für Ihren Unterricht sollten Sie das Puzzle (s. S. 34) möglichst groß kopieren und dann zerschneiden. Sie haben hier die Möglichkeit, das Puzzle ganz zu zeigen, so würde auch der Aufbau einer Blüte angesprochen werden. Sie können aber auch je nach Klasse nur die wesentlichen Pflanzenteile benennen lassen. Heften Sie bitte alle Teile unsortiert an die Tafel. Falls Sie in Ihrem Klassenraum eine magnetische Tafel haben, hat es sich als praktikabel erwiesen, die Rückseite der Puzzleteile mit einem Magnetstreifen zu versehen. Den Kindern wird der Arbeitsauftrag bestimmt ohne zusätzliche Erklärungen deutlich. Die Begrifflichkeiten Wurzel, Zwiebel, Stängel, Blatt und Blüte werden den meisten Kindern bekannt sein. Die Begriffe Knolle, Blütenblätter, Stempel und Staubblätter können von Ihnen evtl. ergänzt werden. Die Unterscheidung von Zwiebel (Osterglocke, Tulpe, Hyazinthe, Schneeglöckchen) und Knolle (Krokus) kann zu diesem Zeitpunkt angesprochen werden. Anschließend können die Schüler das differenzierte Arbeitsblatt „So sieht ein Frühblüher aus" (s. S. 34) bearbeiten. Als Musterlösung kann dann das fertige Puzzle an der Tafel dienen. Das Puzzle kann auch in den folgenden Stunden zum Einstieg oder zur Vertiefung genutzt werden. Im Rahmen dieser Erarbeitung können Sie je nach Wissensstand Ihrer Schüler auf die Funktionen der einzelnen Teile eingehen. Zur individuellen Vertiefung kann dann das Arbeitsblatt („Jeder hat seine Aufgabe", s. S. 42) eingesetzt werden.

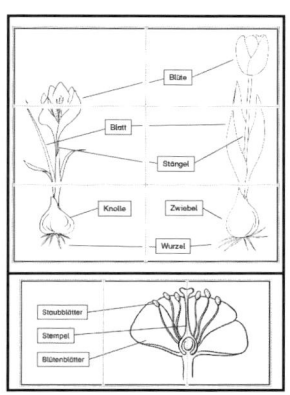

Hinweise zu den Aufgaben
„Schaue genau!", s. S. 43: Stellen Sie Ihren Schülern bitte eine Stoppuhr zur Verfügung. Die Kinder sollen dann möglichst schnell die richtigen Zwiebeln finden.

„Zwiebel oder Knolle", s. S. 45: Zur Anschauung und zum leichteren Verständnis sollten Sie den Kindern eine Wurzelknolle (**Tipp:** Ingwer) und eine Zwiebel zum Vergleich anbieten.

Weitere Ideen: Nehmen Sie in Ihrem Unterricht die Zwiebeln und Knollen aus dem Blumentopf und betrachten Sie diese gemeinsam mit den Kindern. Wenn man sie durchschneidet, kann man den Unterschied am besten sehen.

So sieht ein Frühblüher aus

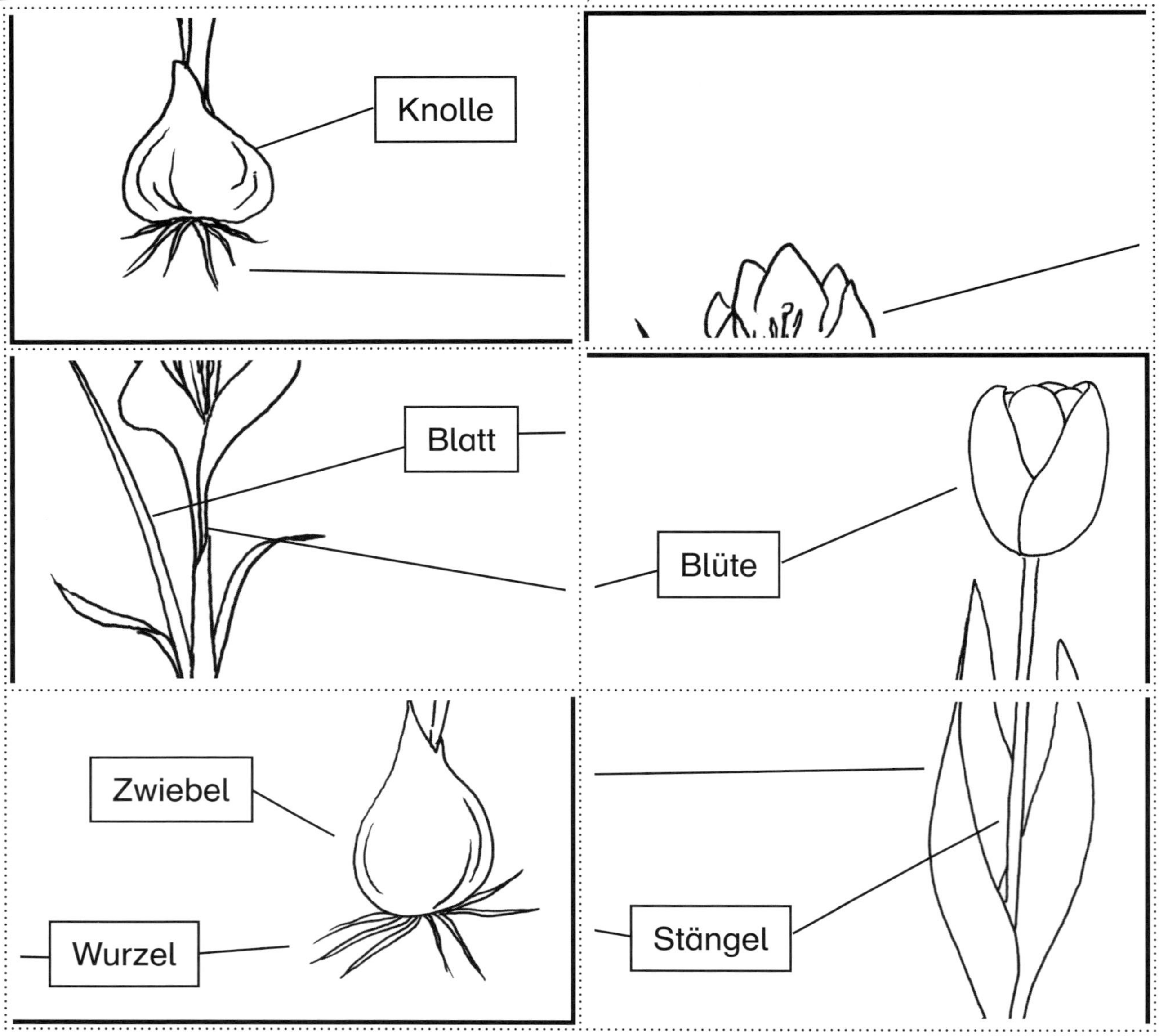

- Knolle
- Blatt
- Blüte
- Zwiebel
- Wurzel
- Stängel
- Staubblätter 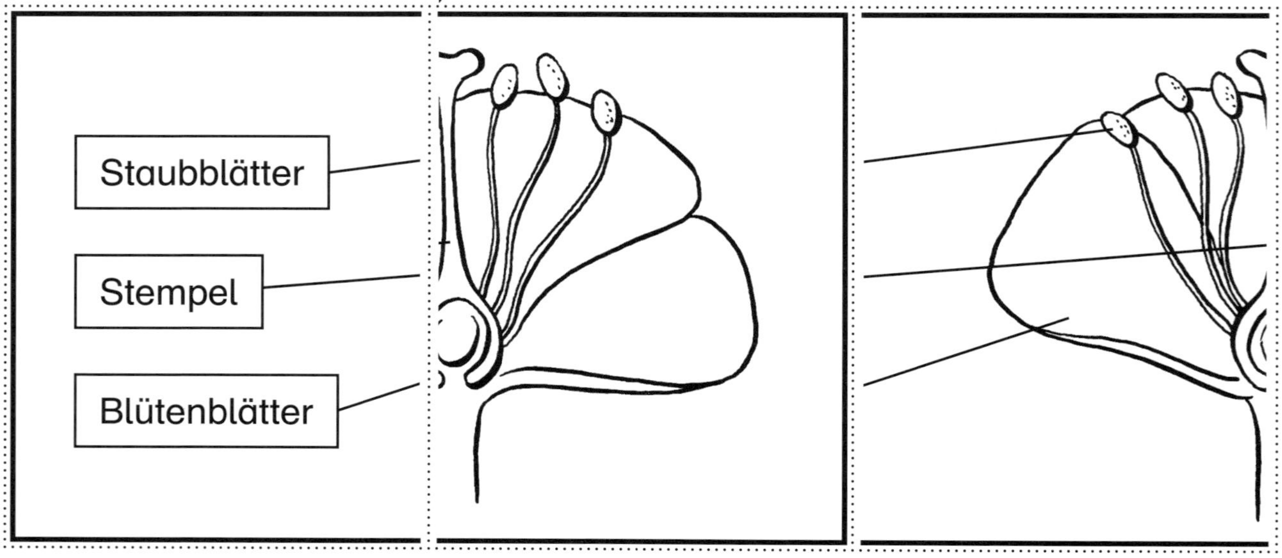
- Stempel
- Blütenblätter

Teile eines Frühblühers

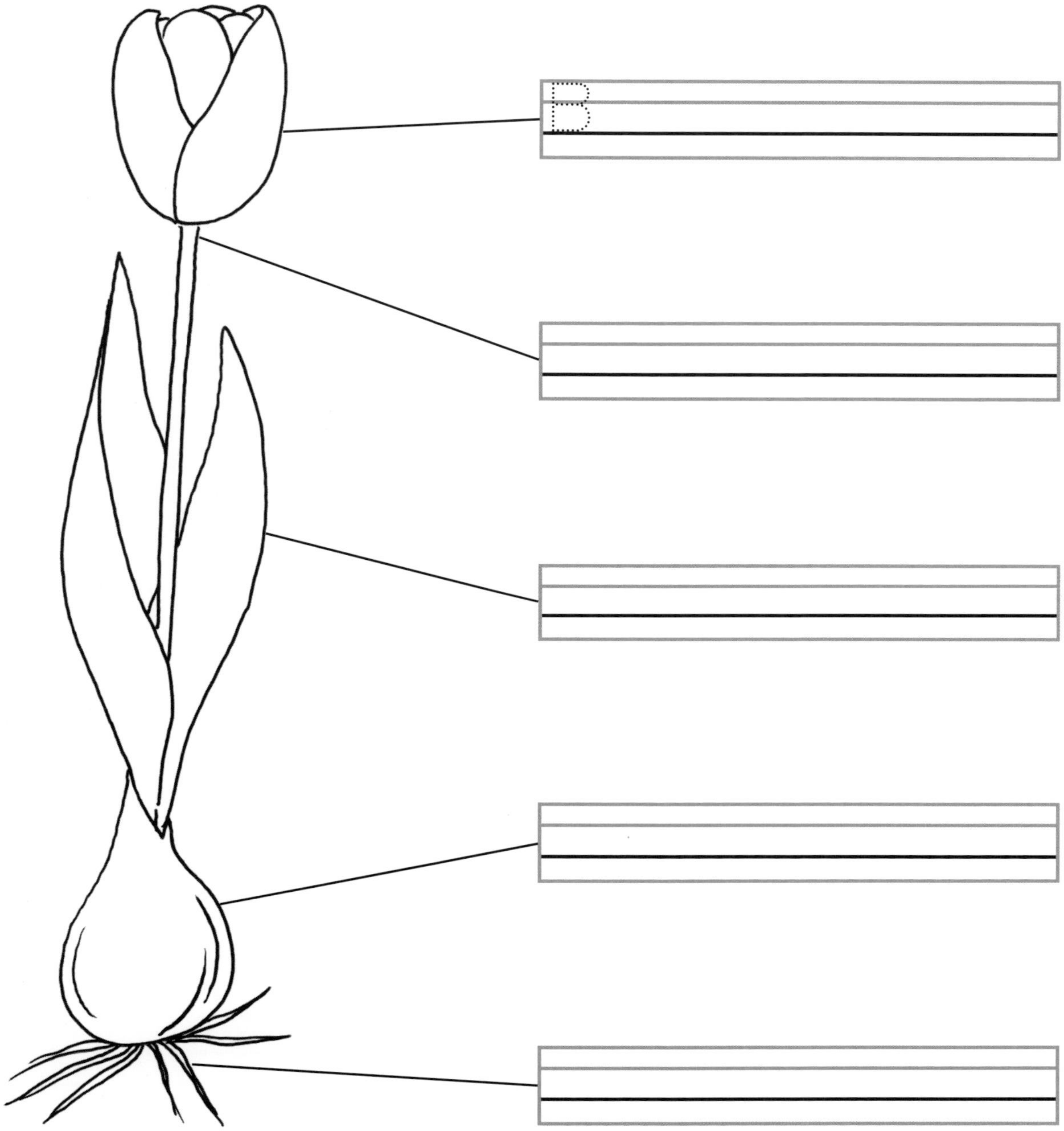

B_____

_____

_____

_____

_____

Blatt | Wurzel | Blüte | Zwiebel | Stängel

Teile eines Frühblühers

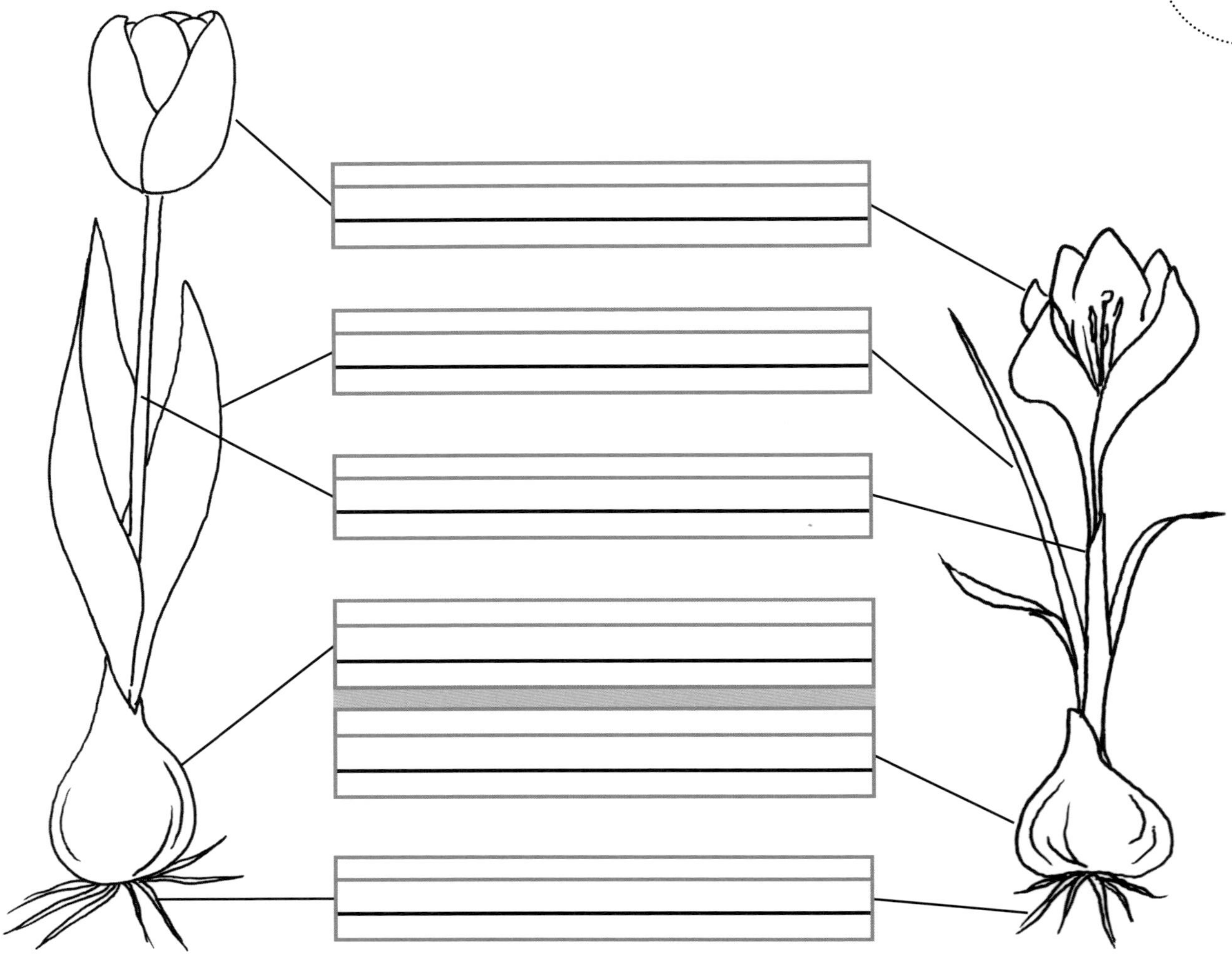

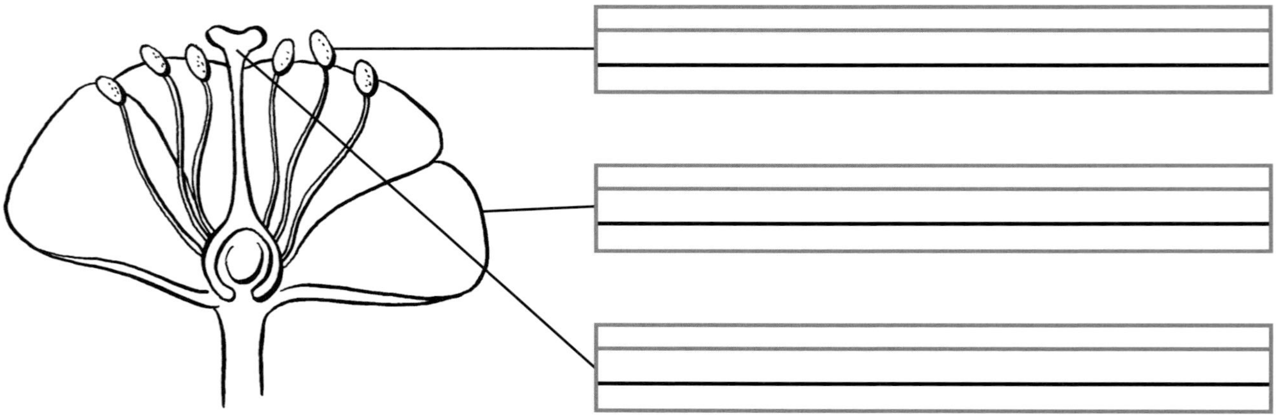

Wo sind sie versteckt?

Drei Teile haben sich zweimal versteckt.

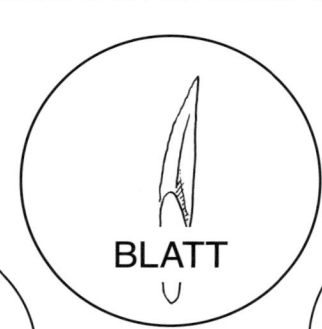

B	L	Ü	T	E	B	T	I	S	L	O	X	E	M
U	Z	R	E	M	U	N	Z	W	I	E	B	E	L
R	T	O	Q	M	W	Z	B	M	D	C	R	T	N
Z	I	D	T	H	X	B	S	T	Ä	N	G	E	L
W	H	K	S	Q	W	Z	B	X	Q	H	T	D	S
G	C	H	B	R	U	H	K	T	X	R	W	B	K
N	P	S	Q	P	R	D	T	W	K	W	X	L	Z
L	Z	X	P	W	Z	V	H	K	N	Q	L	A	D
P	G	M	K	D	E	B	D	L	O	F	H	T	S
F	R	T	L	H	L	N	Q	W	L	Y	B	T	Y
S	K	R	P	L	G	E	F	B	L	Z	W	N	W
X	A	F	C	G	M	Q	N	S	E	B	Q	R	Z
Z	W	I	E	B	E	L	J	T	Z	F	H	P	Q
F	L	G	S	M	R	S	X	B	L	Ü	T	E	B
Q	H	N	Z	D	K	B	L	A	T	T	R	W	S

Wer bin ich?

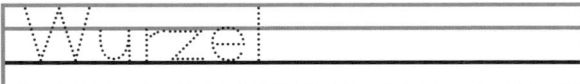
Wurzel

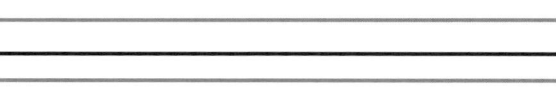

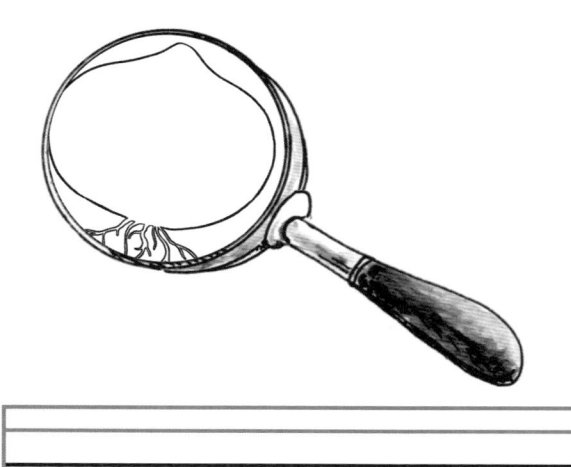

Richtig oder falsch ?

		richtig	falsch
Der Krokus hat zwei Blätter.			
Die Zwiebel hat keine Wurzel.			
Der Stängel hat einen Knoten.			
Der Stängel ist kurz.			
Die Blüte ist abgeknickt.			
Der Krokus hat eine Knolle.			

Ein Wort zu viel

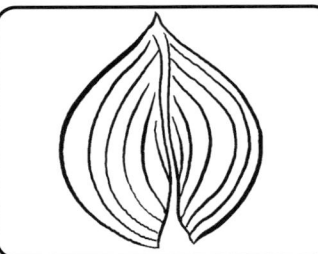 Die Zwiebel speichert frisst die Nährstoffe.

Die Blüte lockt die Bienen Bären an.

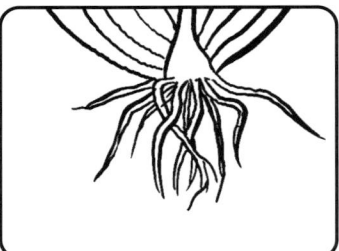 Die Wurzel saugt Tee Wasser aus der Erde.

Der Stängel Kopf trägt die Blüte.

 Wurzel und Zwiebel halten die Blume Biene in der Erde.

Die grünen roten Blätter fangen Sonnenlicht ein.

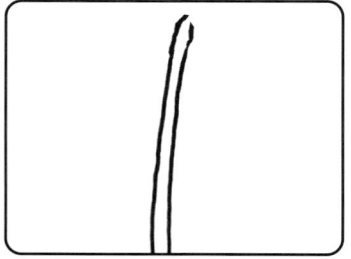 Der Stängel leitet trinkt Wasser nach oben in die Blume.

Wie heiße ich?

- ☐ Wurzel
- ☐ Blüte
- ☐ Blatt

- ☐ Stängel
- ☐ Blüte
- ☐ Zwiebel

- ☐ Blatt
- ☐ Krokus
- ☐ Wurzel

- ☐ Stängel
- ☐ Knolle
- ☐ Blatt

Wie heiße ich?

- ☐ Blüte
- ☐ Blatt
- ☐ Baby

- ☐ Beere
- ☐ Ballon
- ☐ Blatt

- ☐ Wasser
- ☐ Warze
- ☐ Wurzel

- ☐ Krokus
- ☐ Knolle
- ☐ Käse

Jeder hat seine Aufgabe

Die _____ saugt Wasser aus der Erde.

Die _____ fangen das Sonnenlicht ein.

Die _____ speichert Nährstoffe.

Die _____ lockt die Bienen an.

Der _____ trägt die Blüte.

_____ und _____ geben Halt.

Schaue genau!

1.

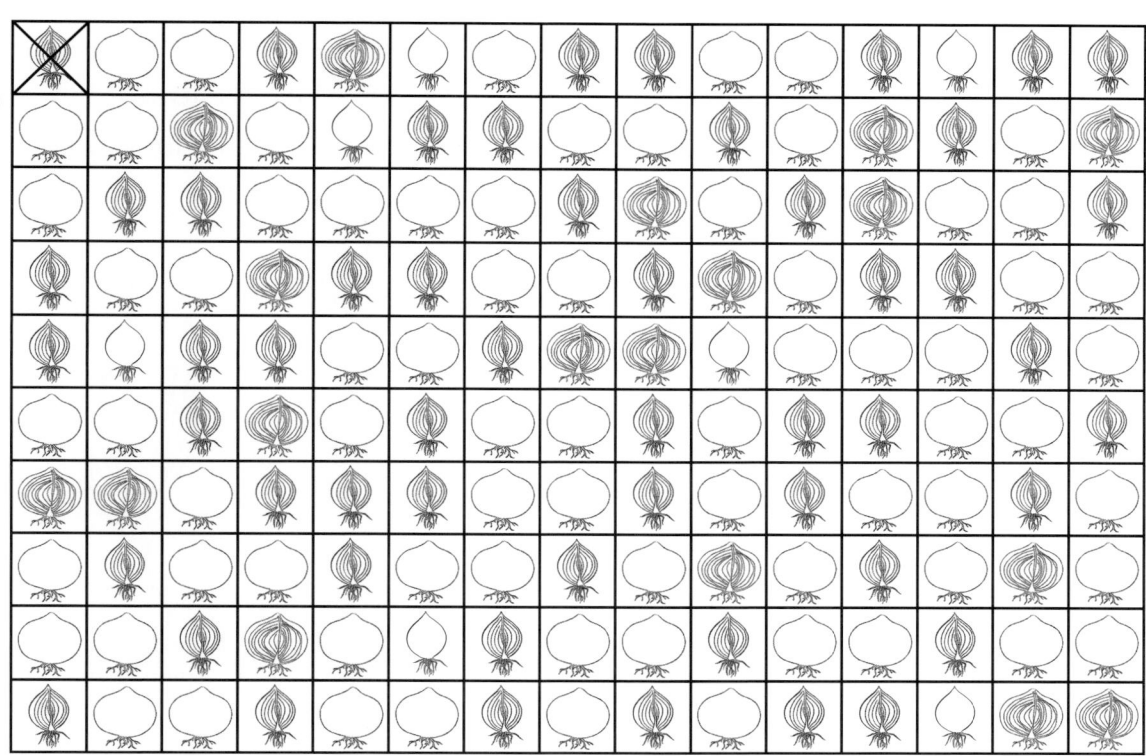

2.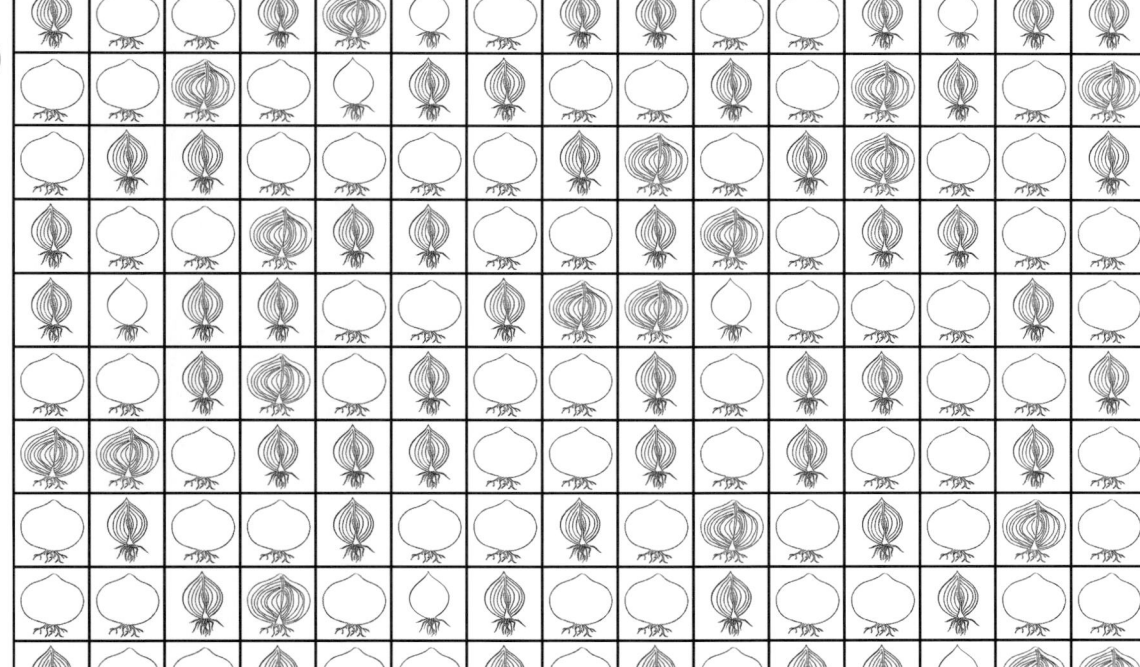

Bist du schneller geworden?

Lies und male dann

Der Krokus hat drei Blätter.	Dem Schneeglöckchen fehlt eine Blüte.	Die Blüte der Hyazinthe ist nur halb gemalt.
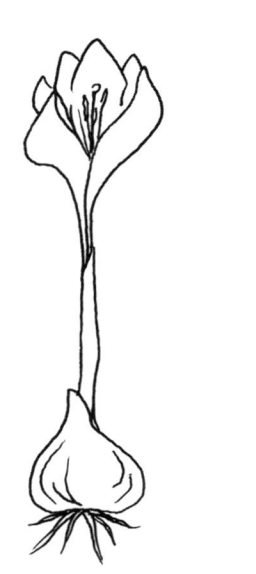		
Die Tulpe hat eine dicke Zwiebel.	Die Osterglocke hat einen geraden Stängel.	Der Krokus hat eine kleine Knolle.
	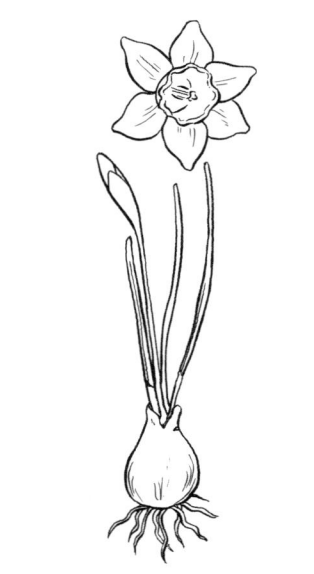	

Zwiebel oder Knolle

Frühblüher      blühen sehr früh im Jahr. Sie

haben einen Trick. Sie speichern ihre Energie in einer Zwiebel  oder

in einer Knolle . Darum können sie so früh im Jahr schon wachsen

und blühen. Die Zwiebel  und die Knolle  liegen unter der Erde.

Die Tulpe , die Hyazinthe , das Schneeglöckchen  und

die Osterglocke  haben eine Zwiebel . Der Krokus  hat eine

Knolle . Eine Zwiebel  hat viele Schalen. Eine Knolle

nicht.

Hast du eine Idee, warum man diese Blumen Frühblüher nennt?
_____
_____

Teile der Blumen finden

STÄNGEL ZWSTÄNGELOPGHKLEBSTÄNGELNS

BLÜTE MBLÜTELÄBLÜTEAÜWEZGUIHBLÜTEI

KNOLLE KNAMUKNOLLEECKNOLLEHKLSTAM

BLATT BLATTDPMIQZTUBLATTNSDLBATOR

WURZEL ARLWURZELEQWOEPMRBUWURZELR

ZWIEBEL TCHZWIEBELJUZIZWIEBELFRXOHK

Welcher Schatten passt?

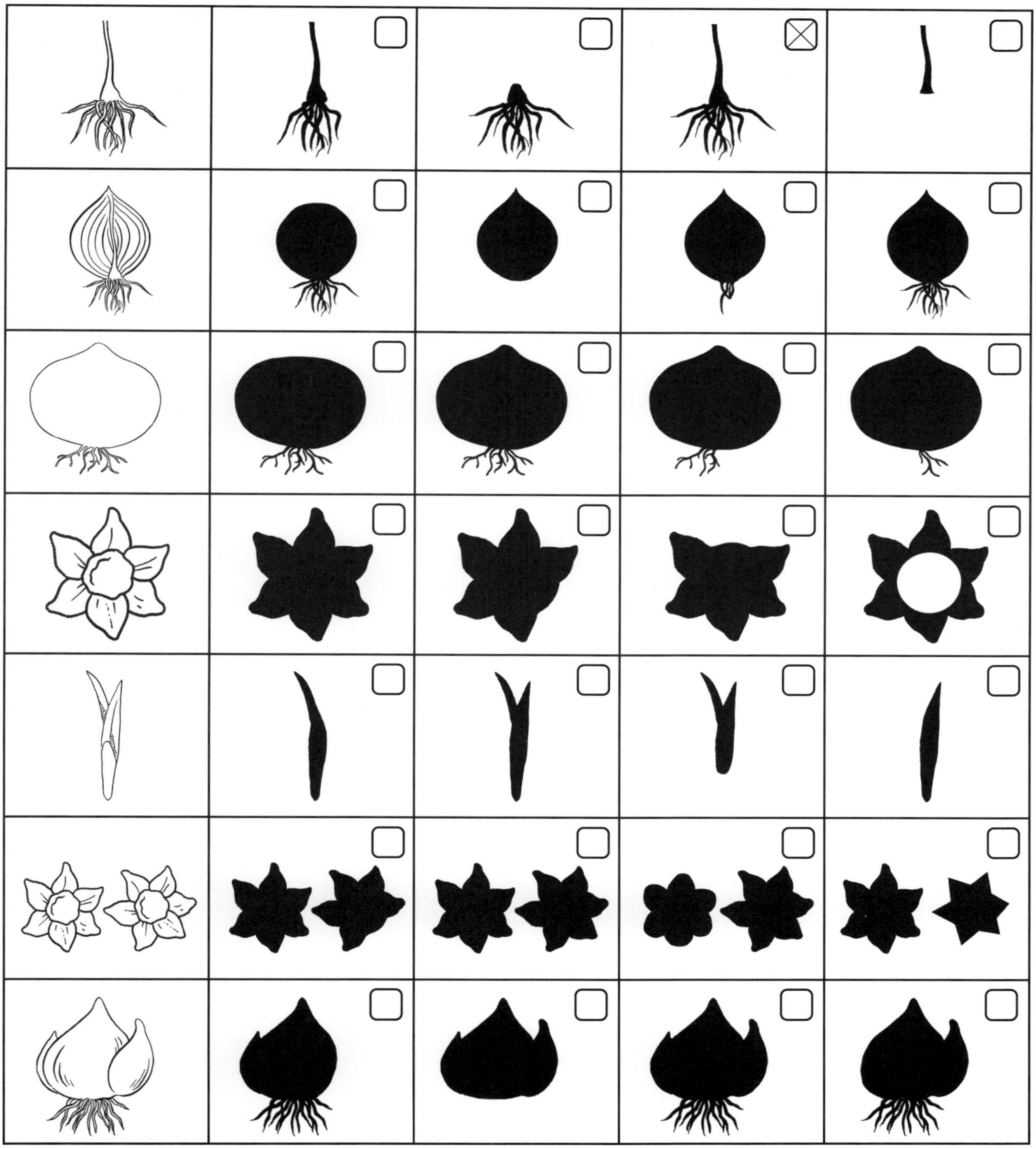

Der Krokus liebt die Sonne

Der Krokus  öffnet seine Blüte nur bei Sonnenschein.

Wenn Wolken  vor der Sonne  sind, hat er seine

Blüte  geschlossen. Der Krokus  fühlt, ob die Sonne

scheint. Es wird dann wärmer. Indem er seine Blüte schließt, schützt

er sich vor Regen  und Schnee .

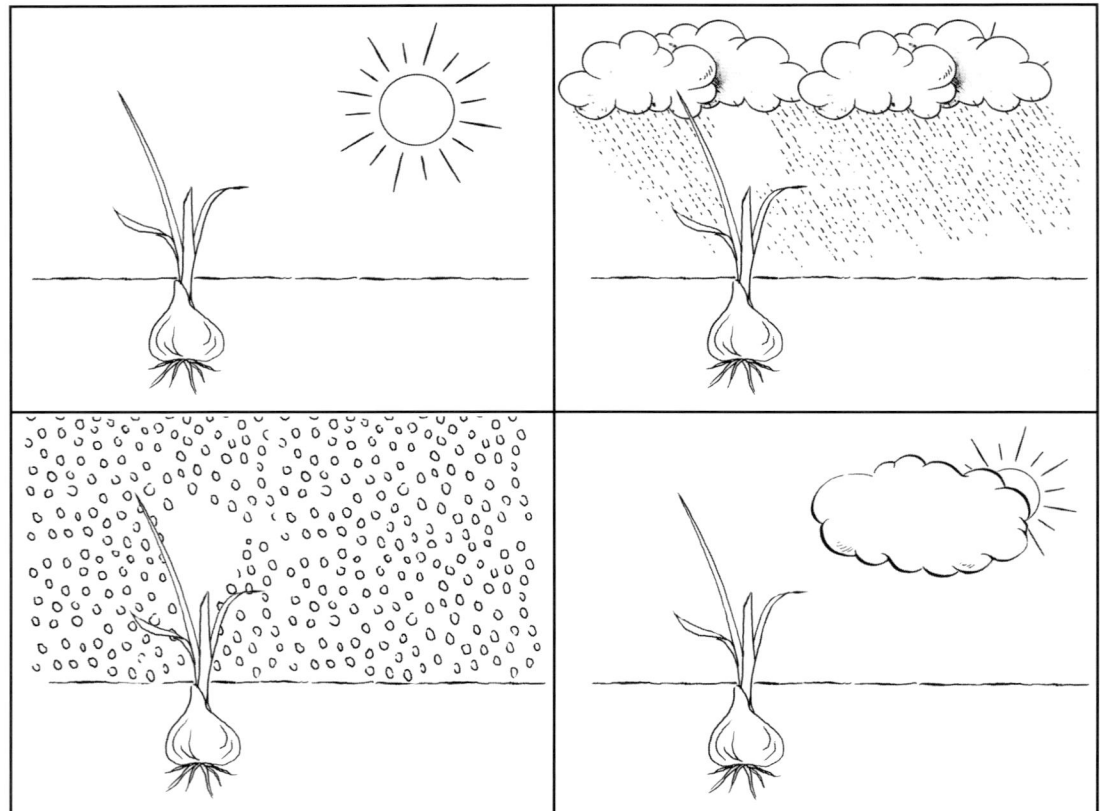

Themengebiet: Ein Frühblüher entwickelt sich

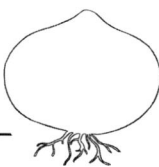

Lernziel:
Die Schüler lernen die Entwicklung der Frühblüher kennen. Sie erlernen in diesem Zusammenhang wichtige Fachbegriffe (Wurzel, Zwiebel, Knolle, Trieb, Zwiebelhaut, Stängel, Blüte, Blatt, Blätter, Nährstoffe, ruhen, speichern, keimen, wachsen, blühen).

	Art der Aufgabe	Name der Aufgabe	Seite
L	Einstieg	Gedicht: „Frühlingserwachen"	51
K	Kernaufgabe	Zeitleiste der Osterglocke	52
K	Kernaufgabe	Die Osterglocke im Jahreslauf	53
K	differenzierte Arbeitsblätter zur Kernaufgabe	Ein Wort zu viel	55
	fächerübergreifende Arbeitsaufträge	Das Schneeglöckchen	56
		Die Tulpe	57
		Daumenkino: Eine Tulpe blüht auf	58
		Domino: Ein Frühblüher wächst	59
		Der oder die oder das?	60
		Das Krokus-Mandala	61
		Ist das alles auf dem Bild?	62
		Partnersuche	63
		Ein Krokus blüht auf	64

Einstiegsmöglichkeiten in das Thema

Gedicht „Frühlingserwachen", s. S. 51:
Das Gedicht „Frühlingserwachen" kann den Kindern ebenfalls als Einstieg in diesen Themenbereich zunächst einmal vorgelesen werden. Anschließend können die Kinder es nachsprechen und dabei versuchen, die Blume mit Hilfe von Bewegungen darzustellen. Hierzu sollten die Kinder sich frei im Klassenraum (evtl. in der Turnhalle) bewegen können. Im Vorfeld sollten die Bewegungsanweisungen mit den Kindern geklärt werden. **Tipp:** Lassen Sie die Kinder eigene Bewegungen erfinden oder geben Sie die entsprechenden Bewegungen vor (s. S. 51).

Arbeit mit der Bildreihe (Kernaufgabe), s. S. 52
Sie können auch mit der Kernaufgabe in die Thematik einsteigen. Für Ihren Unterricht sollten Sie bitte die Bildreihe möglichst groß kopieren und die Bilder ausschneiden. Heften Sie bitte alle Bilder unsortiert an die Tafel. Falls Sie in Ihrem Klassenraum eine magnetische Tafel haben, hat es sich als praktikabel erwiesen, die Rückseite der Bilder mit einem Magnetstreifen zu versehen. Durch die Eindeutigkeit der Bilder und durch die Unterstützung durch die Monatsnamen (Jahreszeiten), die vielen Kindern schon in der richtigen Reihefolge bekannt sein könnten, wird den Schülern der Arbeitsauftrag meist ohne zusätzliche Erklärung (stummer Impuls) deutlich. Die Fachbegriffe Zwiebel, Trieb, Stängel, Wurzel, Blüte und Blatt sowie die Tätigkeiten ruhen, keimen, wachsen und blühen sollten benannt werden. Dass die Nährstoffe in der Zwiebel/Knolle gespeichert werden und diese es den Frühblühern ermöglichen, recht autark zu wachsen, wird vielen Kindern in diesem Zusammenhang nicht klar sein und sollte deshalb von Ihnen extra erwähnt werden. Die Bildanweisungen

Themengebiet: Ein Frühblüher entwickelt sich

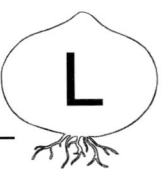

können Sie auch hochkopieren und den Kindern als stummen Impuls unterstützend anbieten.
Tipp: Das Zeigen der passenden Bildanweisung kann ggf. auch ein Kind übernehmen. Anschließend können die Schüler das differenzierte Arbeitsblatt „Die Osterglocke im Jahreslauf" (s. S. 53) bearbeiten. Als Musterlösung kann dann die sortierte Bildreihe an der Tafel dienen. Die Bilder können auch in den folgenden Stunden zum Einstieg oder zur Vertiefung genutzt werden. (vgl. Themenbereich „Aufbau eines Frühblühers", ab S. 31)

Mögliche Impulse zu den einzelnen Bildern:
September bis Januar: Die Zwiebel ruht in der Erde.
Februar: Ein erster Trieb keimt aus der Zwiebel.
März: Die Spitze des Triebs bricht durch die Erde.
April: Aus dem Trieb entwickeln sich Blätter. Sie sind grün, glatt und schmal. Die Osterglocke beginnt zu blühen.
Mai: Die Osterglocke verwelkt. Die Blüte vertrocknet. Die Blütenblätter fallen ab.
Juni: Die Blätter verwelken langsam.
Juli: Die Blätter vertrocknen.
August: Die Nährstoffe werden in der Zwiebel gespeichert.

Hinweise zu den Aufgaben:

„Daumenkino: Eine Tulpe blüht auf", s. S. 58:
Die Kinder können die Tulpe auch anmalen, dann ist der Effekt des Daumenkinos noch größer.

„Domino: Ein Frühblüher wächst", s. S. 59:
Es hat sich als praktikabel erwiesen, wenn Sie die Teile ausschneiden und laminieren.

Weitere Ideen:
Sie können das Gedicht „Kleine Tulpenzwiebel" von Silke Pauly besprechen.

Kleine Tulpenzwiebel
Eine kleine Tulpenzwiebel
leg ich dir in deine Hand.
Unter ihrer braunen Schale
versteckt sich wirklich allerhand.
Leg sie tief bis in die Erde,
auf dass sie bald schon größer werde.
Im Frühling wirst du überrascht,
wenn sie es bis ins Licht geschafft.
Zuerst nur eine grüne Spitze
entfaltet sich schon bald so schön
eine wunderbare Blüte,
wie zauberhaft, sie anzusehen.

Silke Pauly

Gedicht: „Frühlingserwachen"

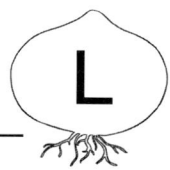

Die Schüler müssen genau zuhören und die vereinbarten Bewegungen an den entsprechenden Stellen ausführen. Zur Unterstützung können sie die Bildanweisungen visualisieren. Zunächst ist der Lehrer der Erzähler, später können die Kinder diese Aufgabe übernehmen. Die Illustrationen helfen dem Erzählkind bei der Reihenfolge. Das Gedicht kann auch als Auflösung für das Arbeitsblatt „Die Tulpe" dienen. Das Arbeitsblatt kann im Anschluss an diese Bewegungsgeschichte eingesetzt werden.

Frühlingserwachen (Silke Pauly) in Bewegung gesetzt

Gedicht	Anweisung	Bildanweisung
Blumenzwiebel klein und braun liegt tief in der Erde. Träumt dort einen schönen Traum was aus ihr mal werde.	Die Kinder sitzen zusammengekauert auf dem Boden. Sie sollen sich so klein machen, wie es geht.	
Zuerst ist alles winterleise, Schnee deckt alle Pflanzen zu. Doch bald im Frühling tönt die Weise, die alles Leben weckt im Nu.	Die Kinder fassen mit den Händen an die Ohren, um besser „lauschen" zu können.	
Vögel zwitschern in den Zweigen, die kleine Zwiebel wird nun wach. Hört den bunten Frühlingsreigen, reckt und schüttelt sich und – ach.	Die Kinder öffnen die Augen, als wären sie gerade erwacht, und schauen nach rechts und links.	
Blickt sie neugierig nach oben, streckt sich langsam rauf zum Licht, sieht Vögelchen am Himmel droben, kaum dass ihr Köpfchen ist in Sicht.	Die Kinder schauen nach oben, um die Vögel zu sehen.	
Aus der Erde wächst sie weiter, streckt sich hin zur gelben Sonne. Erblickt die Knospen um sich heiter, betrachtet bunte Frühlingswonne.	Die Kinder recken und strecken sich und stehen dabei langsam auf. Der Oberkörper wird nach rechts und links gedreht, als würde sich etwas hinaufschrauben.	
Viele Blumen sieht sie um sich, manch Blüte in der Sonne lacht. Unsere Knospe freut sich sichtlich, öffnet ihre Blüte sacht.	Die Hände werden seitlich an den Kopf gelegt, um eine Blüte anzudeuten. Die Blüte lacht und schaut sich um.	

Zeitleiste der Osterglocke

September — Oktober — November — Herbst

Dezember — Januar — Februar — Winter

März — April — Mai — Frühling

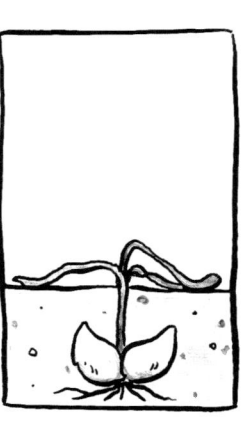

Juni — Juli — August — Sommer

Die Osterglocke im Jahreslauf

September bis Januar			Die Nährstoffe werden in der Zwiebel gespeichert.
Februar			Ein erster Trieb keimt aus der Zwiebel.
März			Die Osterglocke verwelkt. Die Blüte vertrocknet. Die Blütenblätter fallen ab.
April			Aus dem Keim entwickeln sich Blätter. Sie sind grün, glatt und schmal. Die Osterglocke beginnt zu blühen.
Mai			Die Zwiebel ruht in der Erde.
Juni			Die Spitze des Keims bricht durch die Erde.
Juli			Die Blätter verwelken langsam.
August			Die Blätter vertrocknen.

Ein Wort zu viel

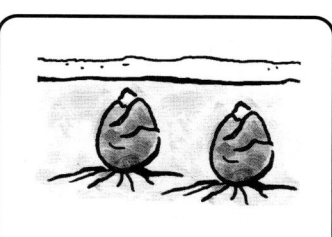

Zwei Zwiebeln ruhen im ~~Bett~~ Boden.

Ein kleiner Traube Trieb bricht durch die Erde.

Die Zwiebeln Eier werden in die Erde gepflanzt.

Die Nährstoffe Kaugummis werden in der Zwiebel gespeichert.

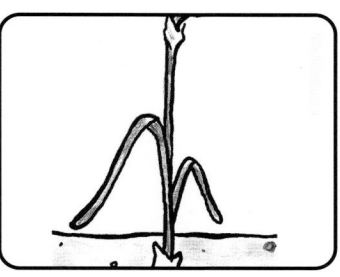

Die Äpfel Blätter verwelken langsam.

Die Osterglocke Hyazinthe beginnt zu blühen.

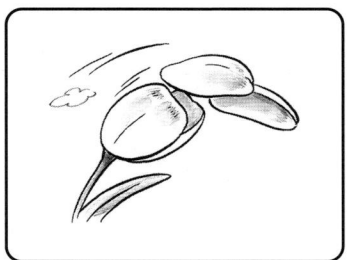

Der Regen Wind weht die Blütenblätter ab.

Das Schneeglöckchen

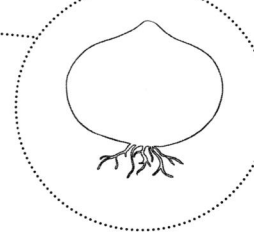

Das verwelkt sehr schnell. Die Zwiebel wird klein.	Das blüht im Februar und März wunderschön. Die Blüte ist klein und weiß.	Den Rest des Jahres ruht die Zwiebel des im Boden.	Wenn der Schnee noch liegt, beginnt das bereits zu wachsen.

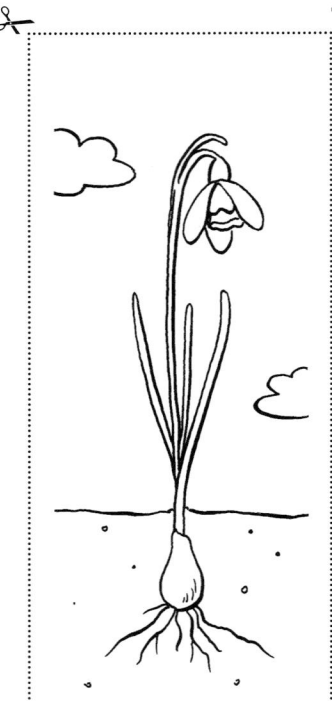 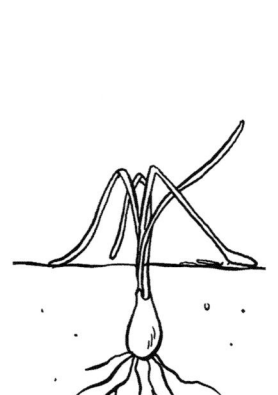 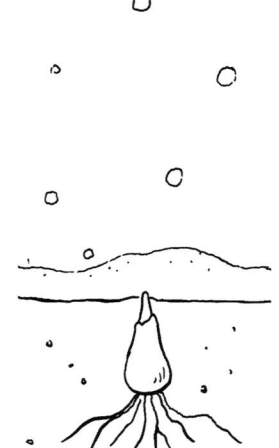 

Die Tulpe

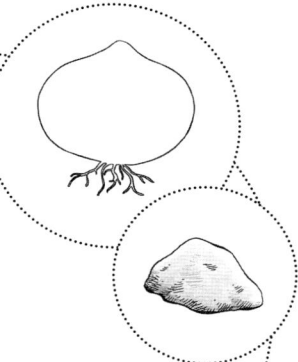

Kleine Tulpenzwiebel (von Silke Pauly)

Unter ihrer braunen Schale

Im Frühling wirst du überrascht,

Zuerst nur eine grüne Spitze

Eine kleine Tulpenzwiebel

entfaltet sich schon bald so schön

eine wunderbare Blüte,

leg ich dir in deine Hand.

wie zauberhaft, sie anzusehen.

wenn sie es bis ins Licht geschafft.

versteckt sich wirklich allerhand.

Leg sie tief bis in die Erde,

auf dass sie bald schon größer werde.

Daumenkino: Eine Tulpe blüht auf

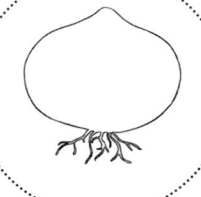

Domino: Ein Frühblüher wächst

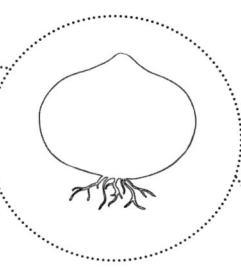

Start	Die Zwiebel ruht in der Erde.		Ein erster Trieb keimt aus der Zwiebel.
	Der Trieb bricht durch die Erde.		Aus dem Keim entwickeln sich Blätter. Sie sind grün, glatt und schmal.
	Die Osterglocke beginnt zu blühen.		Die Osterglocke verwelkt. Die Blüte vertrocknet. Die Blütenblätter fallen ab.
	Die Blätter verwelken langsam.		Die Blätter vertrocknen.
	Die Nährstoffe werden in der Zwiebel gespeichert.		**Ende**

Der oder die oder das?

- [ ] der
- [ ] die
- [ ] das

- [ ] der
- [ ] die
- [ ] das

- [ ] der
- [ ] die
- [ ] das

- [ ] der
- [ ] die
- [ ] das

- [ ] der
- [ ] die
- [ ] das

- [ ] der
- [ ] die
- [ ] das

- [ ] der
- [ ] die
- [ ] das

- [ ] der
- [ ] die
- [ ] das

Das Krokus-Mandala

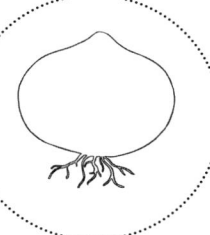

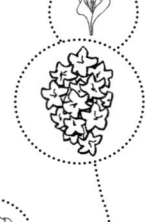

Ist das alles auf dem Bild?

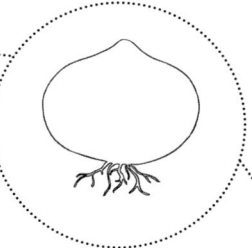

☐	das Schneeglöckchen	☐	der Teich
☐	das Ei	☐	der Himmel
☐	der Baum	☐	der Igel
☐	die Zwiebel	☐	die Blüte
☐	der Trieb	☐	der Regenwurm
☐	die Sonne	☐	das Kind
☐	das Gras	☐	die Erde
☐	das Bett	☐	die Muschel

Partnersuche

BVK • Kathrin Zindler: Frühblüher im Anfangsunterricht

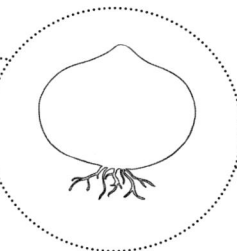

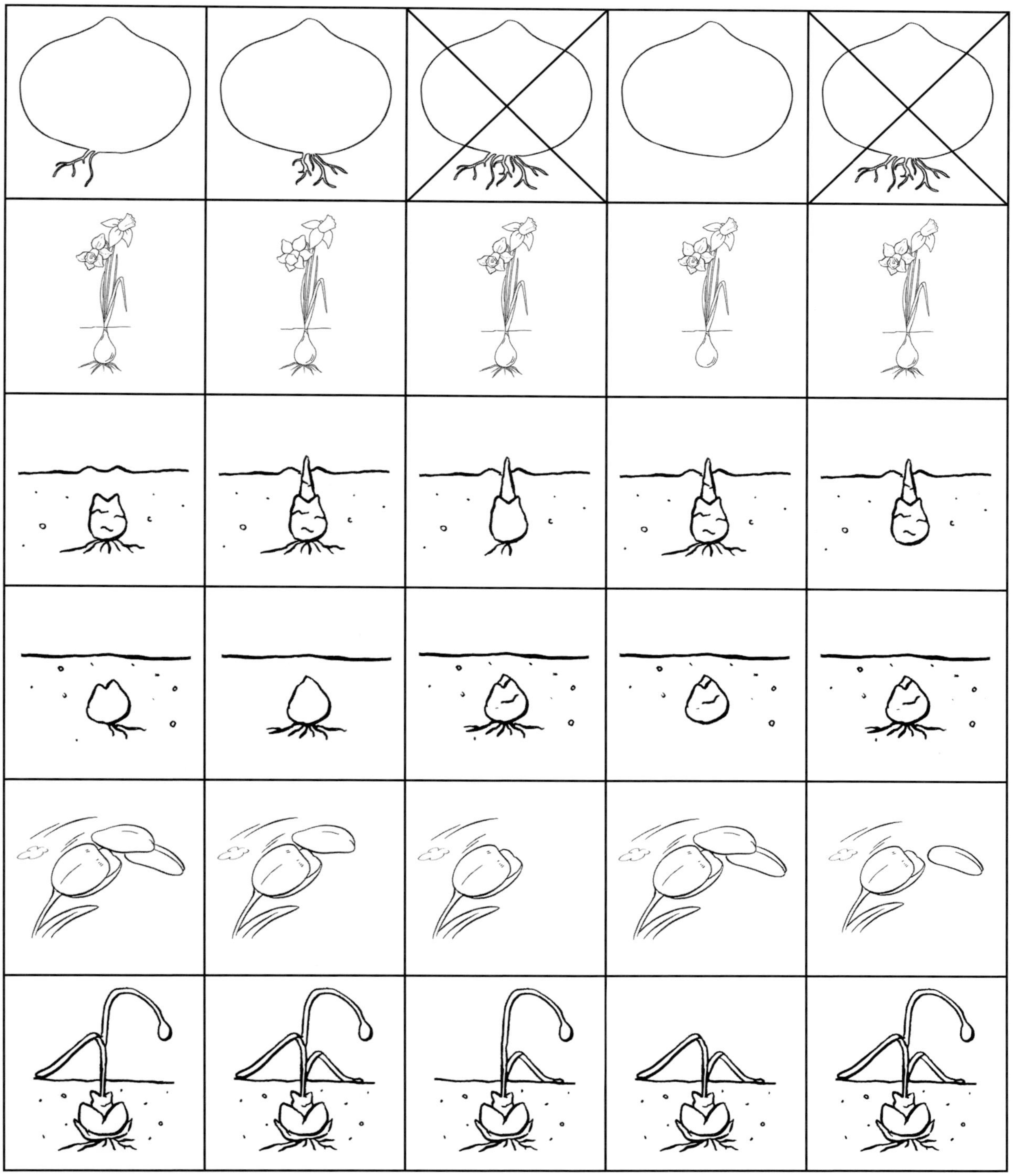

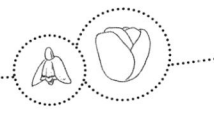

Ein Krokus blüht auf

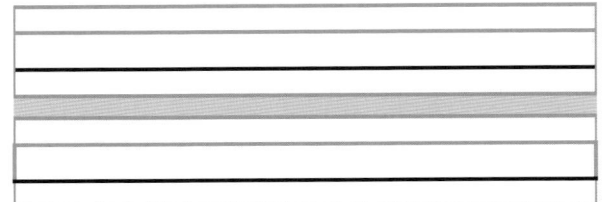 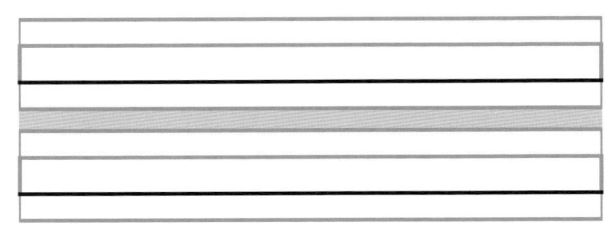

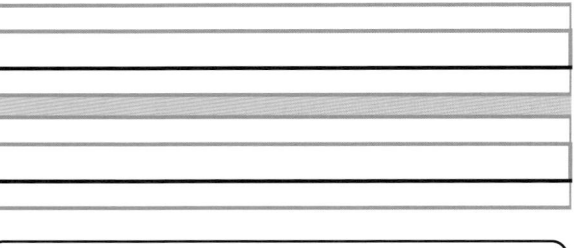 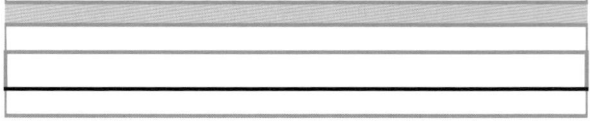

Lernzielkontrolle: Was weißt du nun? – Frühblüher

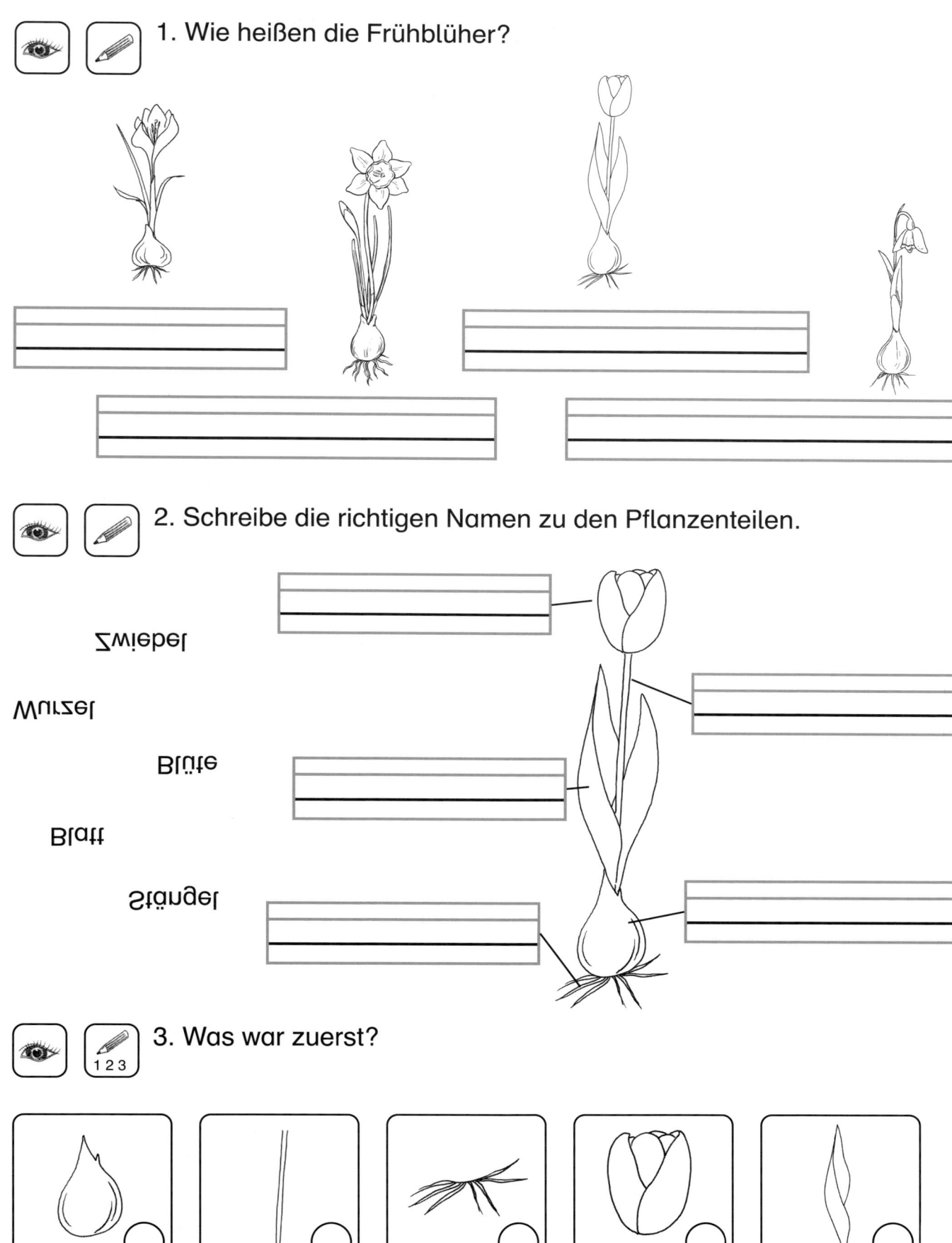

Schreib-/Erzählkartei (1)

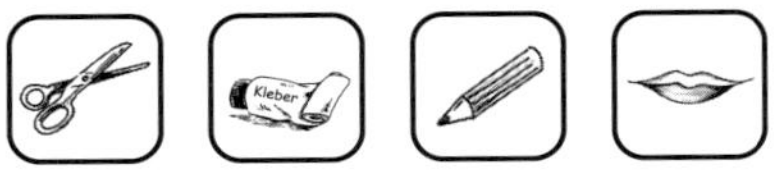

Schreib- / Erzählkartei (2)

Wer bin ich?

Du brauchst:

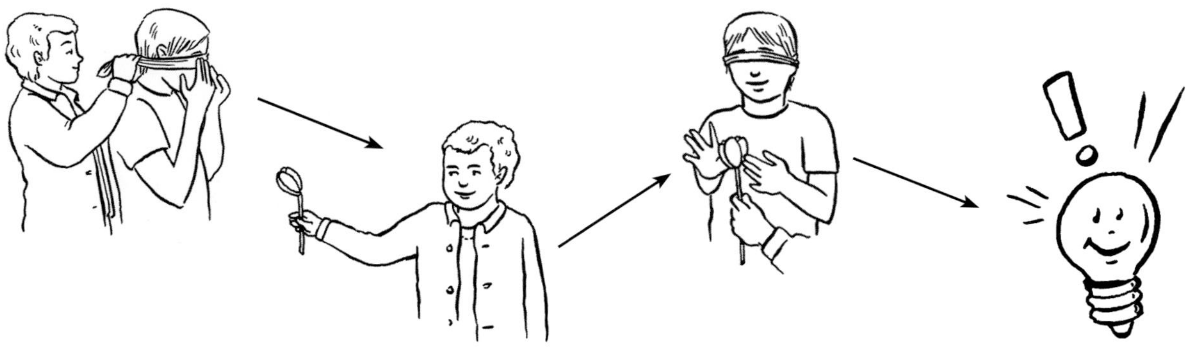

Wie sehe ich aus?

Du brauchst: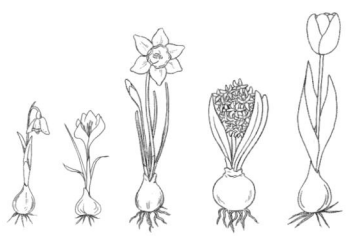

Kannst du mich entdecken?

Du brauchst:

Was passiert mit der Tulpe in der Tinte?

Du brauchst: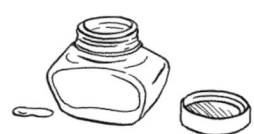

 → 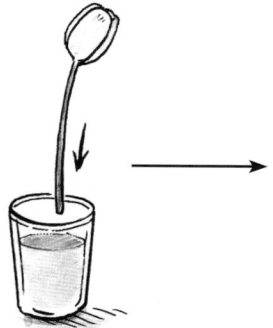 →  Wartet bis zum Ende des Tages. Was beobachtet ihr?

Unsere Beobachtung:

Ein Frühblüher wächst

Du brauchst: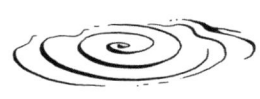

  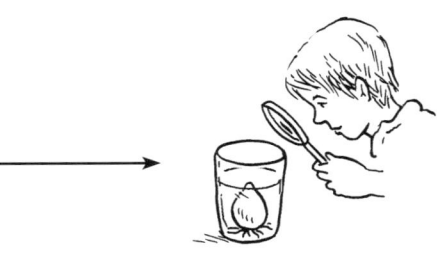

Datum: März 3.	Zeichnet auf, was ihr seht!

Wie sieht eine Zwiebel von innen aus?

Du brauchst:

 →  →

Zeichnet auf, was ihr seht!

Forscherbogen: Ich finde Frühblüher

Frühblüher	Wo?		Farbe	Anzahl
Tulpe	☐ Garten ☐ Wiese ☐ Park	☐ Schulhof ☐ Straße ☐ Spielplatz		
Schneeglöckchen	☐ Garten ☐ Wiese ☐ Park	☐ Schulhof ☐ Straße ☐ Spielplatz		
Krokus	☐ Garten ☐ Wiese ☐ Park	☐ Schulhof ☐ Straße ☐ Spielplatz		
Osterglocke	☐ Garten ☐ Wiese ☐ Park	☐ Schulhof ☐ Straße ☐ Spielplatz		
Hyazinthe	☐ Garten ☐ Wiese ☐ Park	☐ Schulhof ☐ Straße ☐ Spielplatz		

Hyazinthe

Du brauchst:

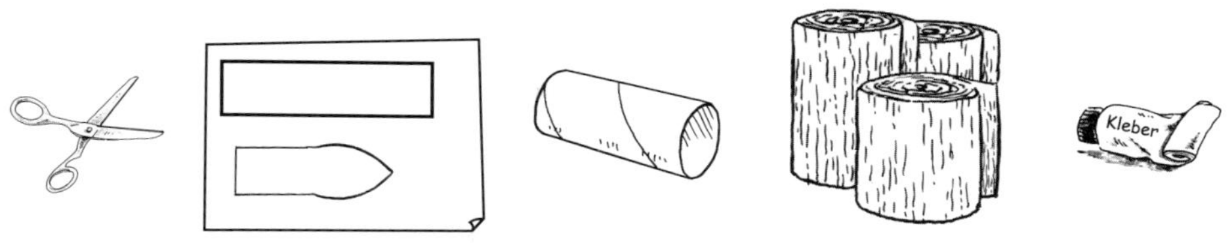

So geht es:

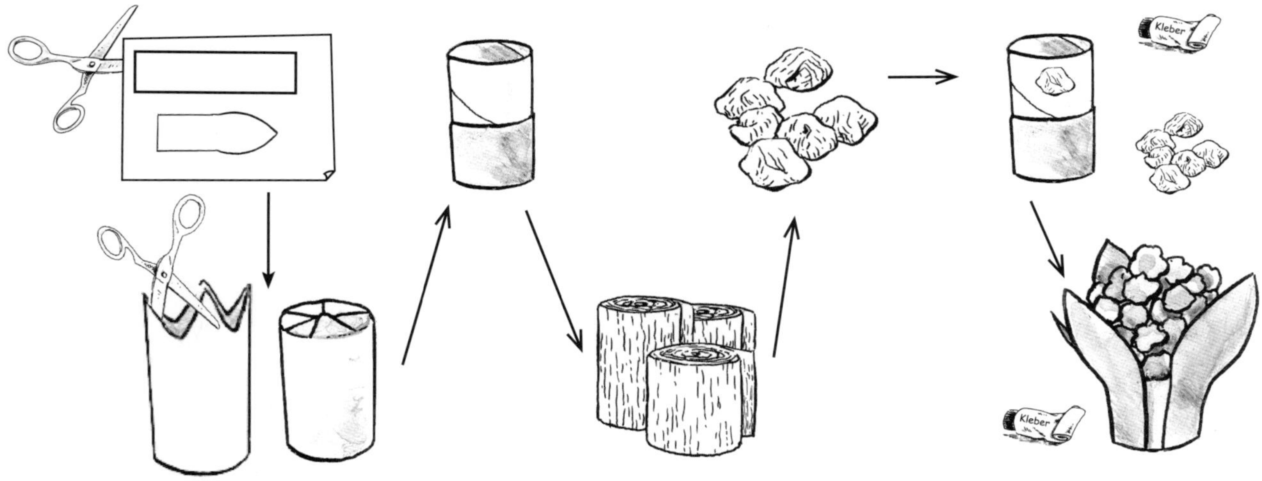

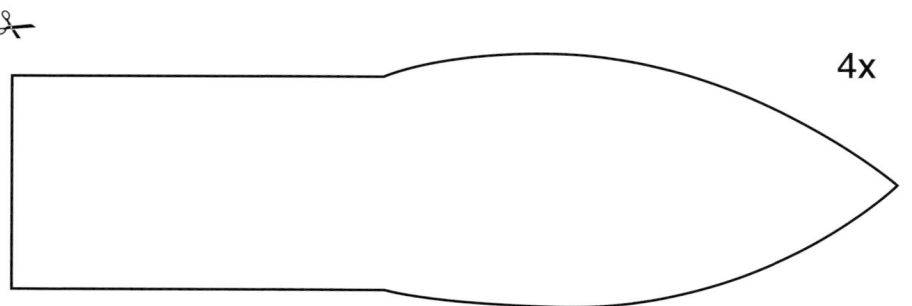

4x

Zauberblume

Du brauchst:

So geht es:

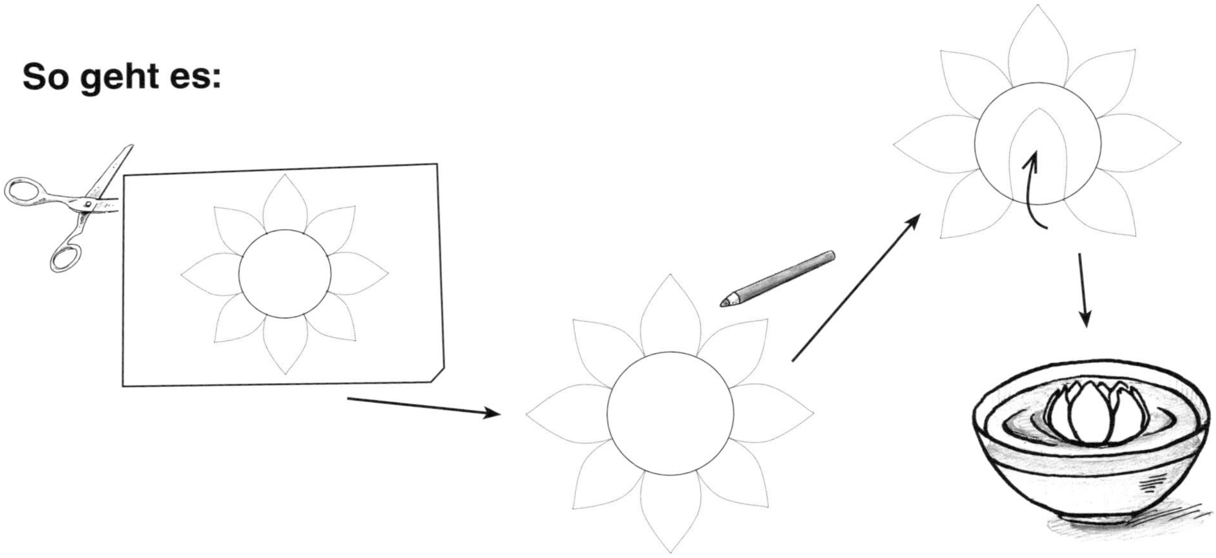

(bitte hochkopieren)

Die Tulpe und das Schneeglöckchen

Du brauchst für die Tulpe:

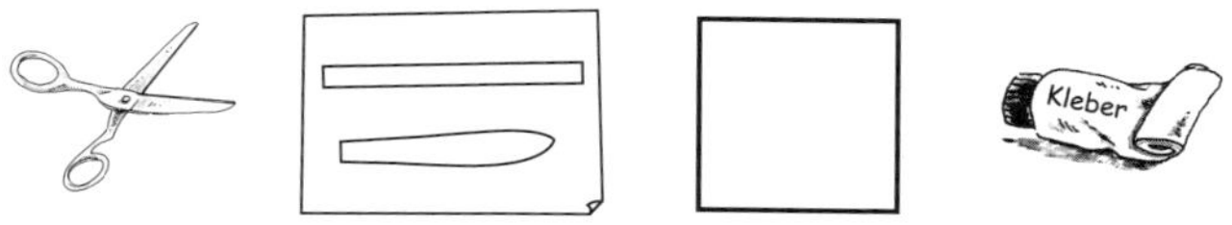

Du brauchst für das Schneeglöckchen:

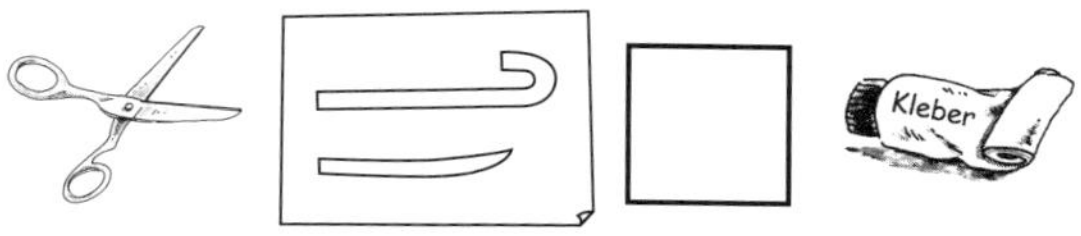

So geht es:

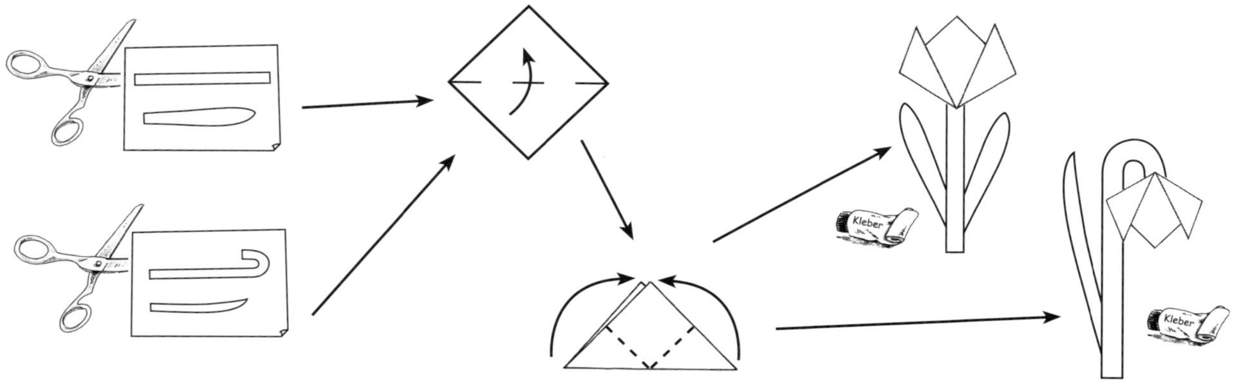

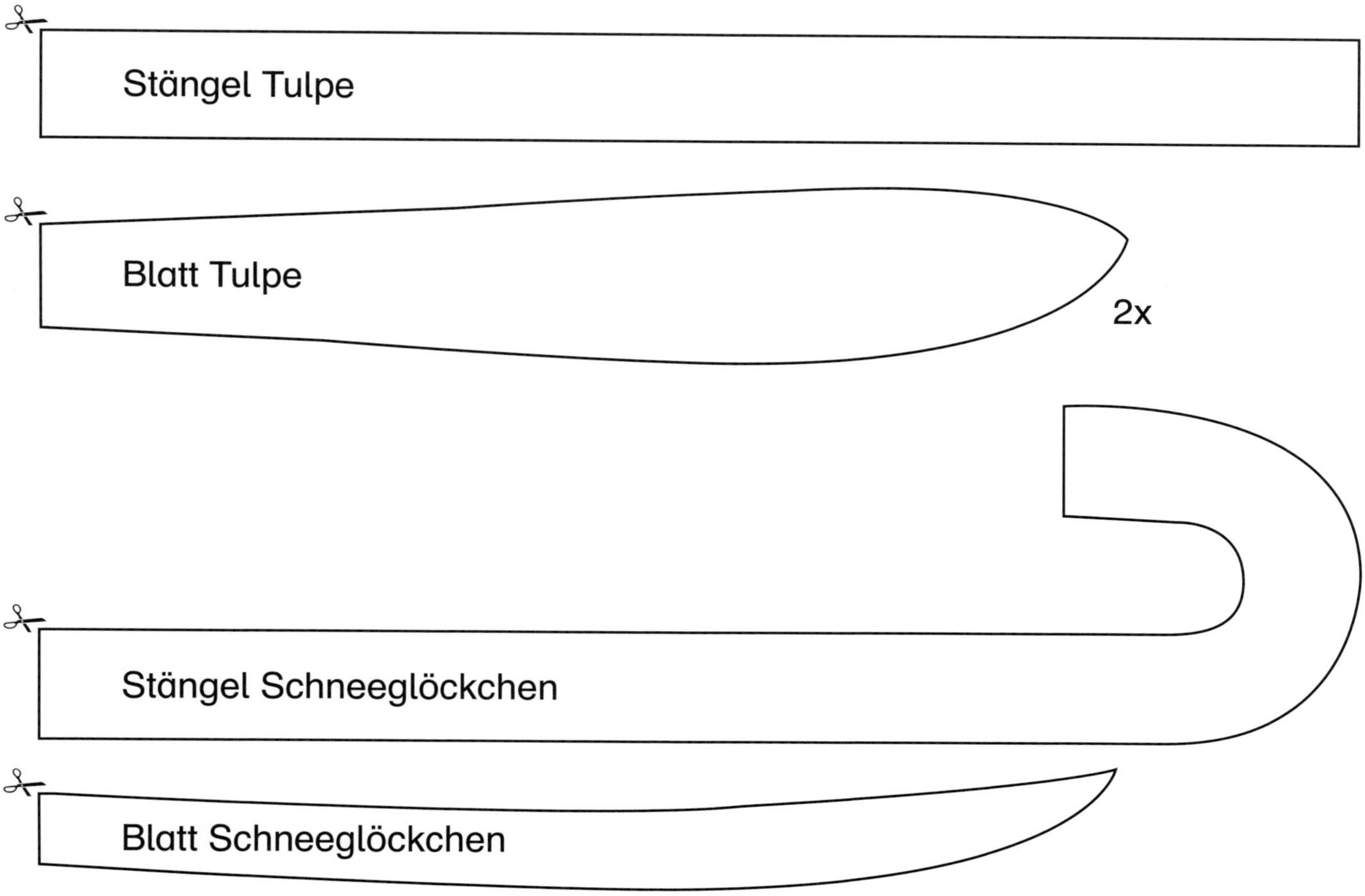

Stängel Tulpe

Blatt Tulpe 2x

Stängel Schneeglöckchen

Blatt Schneeglöckchen

Tulpengirlande

Du brauchst:

So geht es:

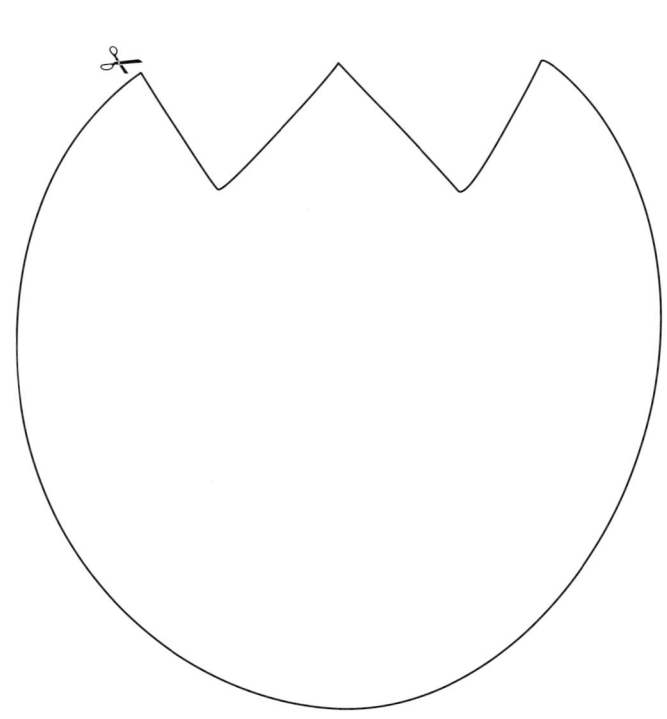